KB153615

글쓴이 │ **박병현**

부산대학교 사회 복지학과를 졸업한 뒤, 미국 펜실베이니아 대학교 사회 복지 대학원에서 사회 복지학 박사 학위를 받았다. 부산대학교 사회 과학 대학 학장, 행정 대학원 원장, 일본 도시샤 대학교 객원 교수, 한국 사회 복지학회 회장을 역임했으며, 현재 부산대학교 사회 복지학과 교수로 재직하고 있다. 저서로는 『사회 복지와 문화』(2009년 대한민국 학술원 선정 우수 학술 도서), 『복지 국가의 비교』(2007년 문화 관광부 선정 우수 학술 도서), 『사회 복지로의 초대』, 『사회 복지 정책론』, 『사회 복지의 역사』, 『사회 복지의 이해』(공저) 등이 있다.

그린이 │ **민소원**

서울에서 태어나서 자랐고, 어려서부터 그림 그리기를 좋아했다. 국민대학교 디자인 대학원에서 일러스트레이션을 전공했고, 2010년 서울메트로 전국미술대전에서 입선했다. 지금은 책과 칼럼에 그림을 그리며 북디자인도 하고 있다. 지은 책으로 『텐트를 열면』이 있고, 그린 책으로 『TV 귀신 소파 귀신』, 『나쁜 동화책』, 『베를린 대왕』, 『우리들의 따뜻한 경쟁』 등이 있다.

 너는 사람들을 도와주며 살고 싶니? │ **사회 복지학**

1판 1쇄 펴냄 · 2016년 10월 31일   1판 2쇄 펴냄 · 2020년 7월 15일

지은이	박병현
그린이	민소원
펴낸이	박상희
편집 주간	박지은
기획 · 편집	이해선
디자인	김혜림
펴낸곳	(주)비룡소
출판등록	1994.3.17.(제16-849호)
주소	06027 서울시 강남구 도산대로1길 62 강남출판문화센터 4층
전화	영업 02)515-2000 팩스 02)515-2007 편집 02)3443-4318,9
홈페이지	www.bir.co.kr
제품명	어린이용 반양장 도서
제조자명	(주)비룡소
제조국명	대한민국
사용연령	3세 이상

ⓒ 박병현 2016. Printed in Seoul, Korea.

ISBN 978-89-491-5364-3 44330 · 978-89-491-5350-6(세트)

이 도서의 국립중앙도서관 출판시도서목록(CIP)은 서지정보유통지원시스템 홈페이지(http://seoji.nl.go.kr)와 국가자료공동목록시스템(http://www.nl.go.kr/kolisnet)에서 이용하실 수 있습니다.(CIP제어번호: CIP2016024869)

너는 사람들을
도와주며
사회
복지학
살고 싶니?

박병현 글 민소원 그림

비룡소

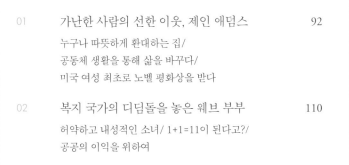

2부 행복한 세상을 만든 사람들

3부 사회 복지학, 뭐가 궁금한가요?

어려움이 닥칠 때 사람들은 누구를 제일 먼저 찾을까요? 가족을 제일 먼저 찾겠지요. 그다음으로 친척이나 친구를 찾게 됩니다. 가족과 친척, 친구들은 내게 어려움이 닥쳤을 때 기댈 수 있는 언덕입니다. 그러나 가족, 친척, 친구들도 어려움을 해결해 주지 못하는 상황이 발생할 수 있습니다. 사회 복지는 가족, 친척, 친구와 같은 개인의 힘으로 해결하기 힘든 어려움이 닥쳤을 때에도 기댈 수 있는 언덕이 되어 줍니다.

사람은 진취적인 기상을 가지고 나아갈 때 현재보다 더 나은 생활을 할 수 있습니다. 때로는 모험을 하는 것도 필요합니다. 그리고 창의성은 모험에서 나옵니다. 우리 삶의 발전이나 진보는 창의성과 모험을 통해 이루어진 것입니다. 그런데 무슨 일이든 진취적으로 하거나 모험을 하면 그렇지 않은 경우보다 실패할 가능성이 큽니다. 실패할 가능성이 커진다고 생각하면 실패가 두려워 매사에 소극적이 되고 창의성이 발휘될 수 없습니다. 만약 실패해도 다시 일어설 수 있다는 보장이 있다면 과감한 모험도 할 수 있습니다. 사회 복지 제도는 실패를 하더라도 기댈 수 있는 언덕입니다. 사회 복지 제도가 제공하는 안전망이 있어서 사람들은 모험을 할 수 있습니다.

사회 복지는 미래의 불안에 대한 보험입니다. 사회 복지가 발전하지 않은 나라에 사는 사람들은 미래가 불안하기 때문에 개인적으로 살길을 찾습니다. 미래에 발생할 수 있는 사고나 질병에 대비해서 상해 보험이나 의료 보험에 개인적으로 가입하기도 합니다. 이러한 민간 보험은 이윤을 창출하는 것이 목적이기 때문에 보험료가 비싸고 가입 조건도 까다롭습니다. 반면에 국가가 운영하는 연금 보험, 건강 보험, 고용 보험, 산재 보험과 같은 사회 보험은 모든 국민이 공동으로 구매하는 것이기 때문에 보험료가 저렴하면서 사고나 위험이 발생했을 때 얻을 수 있는 혜택이 많습니다. 그래서 사회 보험은 미래의 위험에 대비해 우리가 기댈 수 있는 언덕입니다.

100미터 달리기 경기를 할 때 모두가 같은 출발선에서 출발합니다. 하지만 현실 세계에서는 태어날 때부터 출발선이 다른 경우가 있습니다. 자신의 의지와는 상관없이 부잣집에서 태어날 수도, 가난한 집에서 태어날 수도 있습니다. 사회 복지학은 이러한 불합리한 현실을 개선하고 격차를 해소하기 위해 노력하는 학문 분야입니다. 사회 복지는 어떤 학생들은 좋은 환경에서 교육을 받고 어떤 학생들은 좋지 않은 환경에서 교육을 받는 현실을 개선하고 누구나 좋은 환경에서 교육받을 수 있도록 노력합니다.

우리나라의 사회 복지가 지금보다 더 발전하면 우리나라는 장차 어떤 모습이 될까요? 남보다 좀 더 가졌다고 거만하지 않고, 가난하다고 위축되지 않고, 장애를 가지게 되어도 낙담하지 않고, 아동과 청소년은 좋은 보육과 교육으로 미래에 대한 꿈을 지니고, 노인이 되어서도 살아가는 데 충분한 기본 소득을 지니면서 활동할 수 있는 나라입니다. 사회 복지를 공부하고 실천하는 사람들은 국민 모두가 더불어 사는 행복한 나라를 꿈꾸고 있습니다.

1부

더불어 사는
세상을 만드는 학문,
사회복지학

01

GDP가
증가하면
행복할까?

GDP에는

커다란
함정이 있다

우리나라의 국민 1인당 GDP(국내 총생산)는 2만 5,990달러(2016년 IMF 발표 기준)입니다. 1960년에는 국민 1인당 GDP가 100달러에도 미치지 못했습니다. 경제적으로 부강한 국가를 측정하는 지표로 널리 사용되는 GDP로 보면 우리나라는 1960년대 이후 비약적인 경제 성장을 이룩했습니다. 그러면 GDP가 증가하면서 모든 국민이 행복해졌을까요?

GDP는 러시아 출신으로 미국에서 활동하던 경제학자인 사이먼 쿠즈네츠가 1930년대 초에 창안한 획기적인 경제 개념입니다. GDP란 일정 기간 동안 한 나라 안에서 생산되어 사용되는 모든 생산물의 가치를 합하여 화폐 단위로 나타낸 것입니다. GDP는 생

산을 늘리면 일자리가 늘고 소득도 늘
어나는 원리를 한눈에 알아볼 수 있게
설명합니다. 그래서 국가의 경제 성적
을 평가할 때 GDP 성장률은 중요한 지
표로 사용됩니다. GDP가 증가하면 경제
상태가 좋은 것으로 평가받고, 감소하면
경제에 문제가 생긴 것으로 진단합니다.
또 GDP가 증가하면 경제도 성장하고 개인

> 명목 GDP는 국내에서 생산
> 된 최종 생산물의 수량에 그
> 때의 가격을 곱하여 산출한
> 값으로 경제 규모 등의 파악
> 에 이용된다. 2016년 IMF
> 자료에 따르면 우리나라의
> 명목 GDP는 1조 3,212억
> 달러로 세계에서 11위이고,
> 1인당 GDP는 2만 5,990달
> 러로 세계에서 28위이다.

의 소득도 증가한다고 봅니다. 그렇다면 GDP가 증가하여 개인의
소득이 높아질수록 행복도 증가할까요?

GDP가 증가한다고 해서 국민들이 반드시 행복해지는 것은 아
닙니다. 왜냐하면 사람에게 이롭지 않은 경제 활동이 GDP 증대
에 기여하는 경우가 많기 때문입니다. 기업이 환경 오염을 일으켜
도 생산만 늘면 GDP가 증대합니다.

독일에서 생산한 폭스바겐이나 아우디의 디젤 자동차는 연비
(자동차의 단위 연료당 주행 거리의 비율)가 높아서 연료비를 절감하
고 싶은 소비자들에게 인기가 많습니다. 전 세계에서 독일산 디젤
자동차의 판매량이 매우 높고, 이는 고스란히 독일의 GDP 증가
에 기여합니다. 그러나 최근 이들 자동차의 연료인 디젤유가 환경
오염의 주범으로 지목되고 있습니다. 폭스바겐이나 아우디 자동

차의 배기가스가 지구를 오염시키지만 독일의 GDP 증가에는 기여하는 것입니다.

원자력 발전소를 건설하면 에너지 창출로 인해 GDP가 증가합니다. 그러나 만약 고리 원자력 발전소에서 방사능이 누출되면 반경 30킬로미터 이내의 부산, 울산, 경상남도 주민 340만 명이 방사능에 노출되어 직접적인 피해를 볼 수 있습니다.

밀양에서는 주민들이 원자력 발전소에서 송신되는 고압 전기를 전달하는 송전탑 건설에 반대하고 있습니다. 고압 송전탑 주변에는 식물이 제대로 자라지 않고 동물들도 얼씬거리지 않게 됩니다. 환경이 매우 오염되어 그 지역 주민들에게 불행을 가져다줄 것입니다. 하지만 송전탑을 건설하면 전기 공급이 확대되어 장기적으로 GDP 증대에 기여합니다. 그래서 정부는 경제 성장에 도움이 된다는 이유로 송전탑 건설을 강행하고 있습니다. 경제는 성장할지 모르나 그 지역 주민들은 불안해집니다.

많은 가족들이 주말농장에서 채소를 재배하여 이웃과 나누어 먹으면서 행복해하지만, 이는 GDP 증가와는 아무런 관계가 없습니다. 이러한 생산 활동은 화폐로 교환되는 과정이 없기 때문입니다. 어머니가 집에서 자녀의 공부를 도와주고, 노부모를 돌보는 가사 노동도 경제 활동이지만 화폐로 교환되는 과정이 없기 때문에 GDP 증가에는 기여하지 못합니다.

한편 담배를 피우는 사람들이 많아지면 담배 판매량이 늘어나 GDP는 증가합니다. 환경 파괴로 인해 물이 오염되어 사람들이 생수를 사서 마셔도 GDP 증가에 기여합니다. 국민의 건강은 나빠지는데 GDP는 증가하는 것입니다. 집에 도둑이 들어 텔레비전, 오디오, 컴퓨터와 같은 가전제품을 도둑맞았다면 당사자에게는 불행한 일이지만 경제 지표에는 긍정적입니다. 왜냐하면 가전제품을 새로 구입하면 GDP가 증가하기 때문입니다. 이와 같이 국민의 건강을 해치고 불안이 늘어나도 GDP가 증가하는 현상이 나타납니다. 그래서 GDP 증가가 바로 행복으로 이어지는 것은 아닙니다.

무엇보다도 GDP의 가장 큰 함정은 사회 복지 제도를 마련하지 않고 GDP만 증대시키게 되면 소득 불평등이 심해진다는 것입니다. 경제 성장 초기에는 경제 성장의 혜택이 모든 사람들에게 골고루 돌아가지만 한계에 다다르게 됩니다. 그래서 어느 정도 경제 성장을 이룩한 다음에는 사회 복지 제도를 통해 소득 불평등을 해결해야 합니다.

가난하지만

행복한 나라도
있다고?

　　행복 지수 조사에서 덴마크, 스위스, 핀란드, 스웨덴과 같은 나라들이 주로 최상위권을 차지합니다. 유럽 중북부에 위치한 이들 국가들은 1인당 GDP도 높지만 복지 제도가 잘 구비되어 있어 빈부 격차가 적고, 공교육의 질이 높으며, 자연환경이 아름답게 보존되어 있습니다.

　　행복 지수 1위로 자주 소개되는 덴마크는 사회 복지가 매우 발달한 국가입니다. 덴마크에서는 의료 보장 제도와 교육 복지가 잘 되어 있어 국민들은 병원비와 교육비를 전혀 내지 않습니다. 실업 보험 제도 역시 잘 마련되어 있어 실직을 하면 2년 동안 평균 임금의 90퍼센트에 해당하는 실업 급여를 받습니다. 2008년 금융 위기 당시에는 실업 급여 수령 기간을 4년까지 연장해 주는 제도를 운영했습니다. 하지만 덴마크 문화에서 실업 급여에 의존하는 것은 적절하지 않다는 의식이 강해 4년 동안 실업 급여만으로 생활하는 사람은 극히 드뭅니다.

이러한 사회 복지 제도를 계속 운영하려면 많은 재정이 필요합니다. 그래서 덴마크 사람들은 복지 제도를 유지하기 위해 소득의 절반인 50.9퍼센트(2014년 기준)를 세금으로 냅니다. 경제 협력 개발 기구(OECD) 회원국의 평균 조세 부담률이 34.4퍼센트인 것과 비교하면 덴마크 사람들은 세금을 정말 많이 냅니다. 하지만 덴마크 사람들은 "네가 잘살아야 나도 잘살 수 있다."는 공동체 의식이 매우 강하여 많은 세금을 기꺼이 내며 그 세금으로 운영되는 사회 복지 제도에 애착을 가집니다.

GDP가 높으면서 행복 지수가 높은 국가들도 있지만 GDP가 낮으면서 행복 지수가 높은 국가들도 있습니다. 대표적인 예가 부탄입니다. 히말라야 산맥에 위치하며 인구 약 74만 명의 소국인 부탄은 1990년대 와서야 처음으로 TV가 보급될 정도로 최신 문명과는 거리를 둔 매우 독특한 국가입니다. 부탄의 국민 1인당 GDP는 3,128달러(2016년 IMF 발표 기준)에 불과하지만 국민들의 90퍼센트 이상이 행복하다고 말합니다. 부탄 국민은 병원비와 교육비를 내지 않습니다. 또한 부탄은 "삼림 면적을 전 국토의 60퍼센트

이상으로 유지한다.'라고 헌법에 명시하고 환경 보호를 위해 노력하고 있습니다. 정부가 관광객들의 입국을 연간 2만 명으로 제한하는 이유도 자연환경을 보호하기 위해서입니다.

부탄은 1974년부터 '국민 총생산' 개념인 GDP 대신에 '국민 총행복' 개념인 GNH(Gross National Happiness)를 중요하게 여깁니다. GNH는 건강, 심리적 행복, 공동체 의식, 문화, 교육, 환경, 청렴한 정치에 초점을 둡니다. 최근에 와서 부탄이 "경제적인 풍요로움이 행복을 만든다."는 믿음을 없앤 대표적인 사례가 되면서 행복을 원하는 많은 나라들이 가난하지만 행복한 나라 부탄을 연구하고 있습니다.

반면 GDP는 높지만 행복하지 않은 국가들도 많이 있습니다. 미국과 싱가포르, 일본의 1인당 GDP는 세계에서 5위, 9위, 24위이지만 행복 지수는 낮은 국가에 속합니다. 미국, 싱가포르, 일본의 공통점은 GDP는 높지만 소득이 불평등하게 배분되어 있다는 것입니다. 가장 잘사는 상위 10퍼센트의 소득이 국가 전체 소득에서 차지하는 비중이 미국은 48퍼센트, 싱가포르는 42퍼센트, 일본은 41퍼센트에 달하여 이들 세 국가는 부자와 가난한 사람들 간의 소득 격차가 매우 큽니다.

정신의
가치가

중요해!

　　세계에서 가장 가난한 국가 가운데 하나였던 우리나라는 불과 50여 년 사이에 세계 11위 경제 대국으로 성장했습니다. 그러나 이러한 경제 성장에도 불구하고 행복 지수는 그리 높지 않습니다.

　유엔이 발표한 '2016 세계 행복 보고서'에 따르면 우리나라는 조사 대상 157개국 가운데 58위였습니다. 전체적으로는 중상위로 보이지만, 경제 협력 개발 기구(OECD) 35개국 가운데서는 29위로 아주 낮습니다. 우리나라는 국민 1인당 GDP가 세계에서 28위를 차지할 정도로 경제 성장을 이룩했지만, 막상 우리나라 사람들은 행복하지 못한 것입니다.

왜 경제 성장이 국민들의 행복에 도움이 되지 않을까요? 우리나라는 경제가 성장하면 그 혜택이 모든 사람에게 골고루 돌아가 모두 행복한 삶을 살아갈 수 있다고 믿었습니다. 그래서 사람 사이의 관계를 무시하고, 환경을 파괴하고, 인근 주민들의 반대에도 원자력 발전소를 지으면서 경제 성장에만 몰두했습니다. 1997년 경제 위기가 오기 전까지는 '하늘에서 비가 내리면 땅의 모든 것을 골고루 적시듯(낙수 효과)' 경제 성장의 혜택이 많은 사람들에게 돌아갔습니다.

그러나 1997년 외환 위기 이후에는 1인당 국민 소득이 3만 달러에 가까울 정도로 경제는 성장했지만 불평등이 깊어졌습니다. 전체 소득에서 잘사는 상위 10퍼센트의 소득 비중이 1995년 29퍼센트에서 2013년 45퍼센트로 급격하게 높아졌습니다. 이제 우리나라는 경제 협력 개발 기구(OECD) 35개국 가운데 미국 다음으로 가장 불평등한 국가입니다. 그러다 보니 사람들 사이에 서로 신뢰하고 존중하는 정신이 점점 옅어져 갑니다. 경제는 성장했지만 소득 불평등이 심해지면서 행복도 사라져 가고 있습니다.

이러한 점에서 보면, 행복은 GDP가 높고 낮은 순서에 달려 있는 것이 아닙니다. 미국의 상원 의원 로버트 케네디는 1968년 다음과 같이 말했습니다.

"GDP는 어린이의 건강, 교육의 질, 놀이의 즐거움을 반영하지 않는다. 시의 아름다움, 결혼 생활의 건강함, 대중 토론에서 나타나는 지성, 공무원들의 정직성을 포함하지 못한다. 요컨대 GDP는 우리 삶을 가치 있게 만드는 것 외의 모든 것을 측정할 수 있을 뿐이다."

오늘날에도 널리 이야기되는 로버트 케네디의 말은 국가가 경제 성장과 소득 증가에만 초점을 두면서 국민이 인생에서 가치 있고 자기 발전을 이룰 기회들을 희생시켜서는 안 된다는 것입니다. 경제 성장은 공동체 의식, 평등, 나눔, 존중의 정신과 함께 이루어져야 합니다.

소득 불평등이 심해질수록 사회적 신뢰, 안전, 좋은 정부, 건강과 교육에 관한 공정한 접근 기회 등에도 부정적 영향을 미치고 있습니다. 건강과 교육 수준은 다음 세대가 공정한 기회를 얻는 데 매우 중요한 요소입니다.

사회 복지학은 평등, 건강, 교육, 신뢰, 여가, 존중, 배려, 나눔의 정신을 강조하면서 삶의 질을 높이기 위해 노력하는 학문입니다. 경제가 성장하면서도 우리 주위를 살펴보고 더불어 사는 세상을 만드는 학문이 사회 복지학입니다. 궤도를 벗어난 GDP에 복지라는 GPS를 달면 모두 행복한 사회가 될 수 있습니다.

02

선별적 복지와 보편적 복지, 어떻게 다를까?

복지 혜택 때문에

수치심을
느낄 수 있다고?

누가 사회 복지의 대상자일까요? 빈곤, 장애, 노령으로 스스로 생활을 꾸릴 수 없어 정부의 도움을 받아야만 하는 사람들일까요? 아니면 국민 모두일까요?

사회 복지에서는 가난한 사람, 장애인, 고아와 같이 특별히 복지 혜택이 필요한 사람들을 가려서 그들에게만 도움을 제공하는 것을 선별적 복지라고 부릅니다. 한편 사회 복지의 대상을 국민 전체로 확대하여 모든 사람에게 사회 복지 서비스를 제공하는 것을 보편적 복지라고 합니다. 선별적 복지와 보편적 복지는 어떻게 다르며 장단점은 무엇일까요?

선별적 복지는 복지 혜택을 바라는 개인의 필요에 근거를 두고

어떤 어려움이 있는지를 조사해서 복지의 제공을 결정합니다. 즉 복지 혜택을 받는 사람을 자립할 수 없는 경우로 한정시켜 그들에게만 복지 혜택을 제공하는 것이지요. 복지 대상자를 선정할 때는 복지 혜택이 꼭 필요한 가족이나 개인을 먼저 고려하여 이들을 집중적으로 지원합니다.

선별적 복지에서 복지 대상자를 선별하는 기준은 대체로 연령, 자녀 유무, 그리고 소득 수준입니다. 예를 들어 노인의 경우, 연령이 65세 이상이거나 자녀가 없는 사람이 재산도 없다면 선별적 복지의 대상자가 되는 경우가 많습니다. 소득 수준을 기준으로 삼을 때는 자산 조사를 통해 일정 소득 이하인 사람들을 사회 복지 대상자로 선정합니다.

대표적인 선별적 복지의 예로 미국에서 시행하고 있는 식품권(food stamp)이 있습니다. 식품권이란 가난한 사람들은 중산층 이상의 사람들보다 건강이 좋지 않다는 가정하에 가난한 사람들의 건강 증진을 위해 도입된 복지 프로그램입니다. 엄격한 자산 조사를 거쳐 소득이 일정 기준 이하인 가정에 식품만 구입할 수 있는 증서를 제공합니다.

사회 서비스 바우처 제도는 노인, 장애인, 산모, 아동 등이 다양한 사회 보장 서비스를 이용할 수 있도록 지원하는 제도이다. 정부는 일정한 자격을 갖춘 특정 계층에 서비스 이용권으로 바우처를 지급하고 지불을 보증한다.

선별적 복지는 한정된 자원을 가지고 복지 혜택을 바라는 일부 계층을 지원하기 때문에 비용이 적게 듭니다. 따라서 국가의 사회 복지 재정이 충분하지 못할 경우에는 선별적 복지를 선호합니다. 선별적 복지는 대체로 저소득 계층에 집중되므로 소득 재분배를 통해 빈부 격차를 줄이는 데 유용합니다. 그러나 사회 구성원을 많이 가진 자와 적게 가진 자로 분리시켜 적게 가진 사람들이 수치심을 느끼게 되는 단점이 있습니다. 또한 사회 복지 대상자를 선별하기 위해서는 소득 수준과 재산이 얼마나 있는지를 조사해야 하므로 행정 비용이 듭니다.

우리 모두의
자존감을

지켜 줘!

　　　　　보편적 복지는 소득 수준에 상관없이 일정한 조
건에 해당되는 사람 모두에게 복지 혜택을 부여하는 것을 의미합
니다. 보편적 복지에서는 사람들의 기본적인 욕구는 성별, 연령,
소득 수준, 사회적 지위의 높고 낮음에 관계없이 비슷하다고 봅니
다. 돈이 많거나 가난하거나 재산에 관계없이 모두 좋은 음식을
먹고 좋은 집에서 건강하게 지내고 싶은 욕구가 있습니다. 학생들
에게는 보다 좋은 교육을, 아동들에게는 보다 좋은 보육을 받고
싶은 욕구가 있습니다. 이러한 관점에서 볼 때 보편적 복지는 부자
이거나 가난한 사람이거나, 남자이거나 여자이거나, 혹은 인종이
나 연령 등에 관계없이 모든 사람을 대상으로 하게 됩니다.

그래서 보편적 복지는 모든 사람이 자존감을 상하는 굴욕적인 상황에 처하지 않고도 사회 복지 서비스에 접근하고 이용할 수 있게 합니다. 즉 사람들이 정부에서 제공하는 서비스를 이용할 때 어떠한 열등감도, 얻어먹는다는 의식도, 어떠한 수치심이나 낙인감도 느끼지 않도록 해야 합니다. 어느 누구도 자신이 '공공의 부담'이 된다는 생각을 갖지 않도록 해야 합니다.

보편적 복지는 우리 모두 같은 사회의 동등한 구성원이므로 모두가 복지 서비스를 이용할 권리를 가진다고 인식하는 장점이 있

습니다. 복지 혜택이 특정
소외 계층에게만 제공되는
것이 아니라 모든 국민에게 제
공된다는 점에서 사회가 하나가 되는
사회 통합을 이룰 수 있습니다.

그러나 단점도 있습니다. 사회 복지 서비스를 모든 국민에게 보
편적으로 제공하려면 많은 재정이 필요합니다. 또한 재벌의 자녀
와 가난한 집의 자녀가 똑같은 서비스 권리를 갖는 경우에는 복

개인주의는 사회의 중심 단위를 개인으로 파악하고, 개인과 개인의 권리를 우선시한다. 집합주의는 사회의 중심 단위를 집단으로 파악하고, 공동의 목표를 위한 공동의 행동을 중시한다.

지가 그들 사이의 불평등을 완화하는 것이 아니라 오히려 유지시킨다는 문제가 생길 수 있습니다.

이념적으로 보면 보수적 사고관을 지닌 사람들은 선별적 복지를 선호하고, 진보적 사고관을 지닌 사람들은 보편적 복지를 선호하는 경향을 보입니다.

어떤 국가에서 선별적 복지와 보편적 복지 가운데 어느 것을 선호하는지는 개인주의와 집합주의 가치 중 무엇이 그 나라 국민들의 의식 구조에 자리 잡고 있는가에 달려 있습니다. 왜냐하면 선별적 복지는 개인주의 가치와, 보편적 복지는 집합주의 가치와 밀접하게 연관되어 있기 때문입니다.

학교 급식,

어떤 방향이
바람직할까?

　　　　　보편적 복지는 무상 복지라고 생각하는 사람들이 있습니다. 그러나 보편적 복지와 무상 복지는 다릅니다. 무상 복지는 공짜로 복지를 받는 것을 의미합니다. 하지만 보편적 복지에 사용되는 재정에는 국민 모두가 낸 세금이 들어 있습니다. 가난한 사람들은 소득세와 같은 직접세를 부자들보다 적게 내지만 소비세와 같은 간접세는 부자들과 같은 과세율로 부담합니다.

　보편적 복지는 부자가 가진 것을 뺏어서 가난한 사람에게 나누어 주는 '로빈 후드' 성격의 복지가 아니라 우리가 낸 세금을 서비스 형태로 돌려받는 권리 성격의 복지입니다. 따라서 보편적 복지와 무상 복지는 엄연히 다릅니다. 다만 가난한 사람들이 부자들보다 세금을 적게 내고 동일한 수준의 복지를 받기 때문에 상대적으로 좀 더 혜택을 봅니다.

그러면 우리나라에서는 선별적 복지와 보편적 복지 가운데 어느 것을 선택해야 할까요? 우리나라가 복지 국가를 지향한다면 어느 한쪽으로 치우치기보다는 선별적 복지와 보편적 복지를 균형 있게 마련하면서 궁극적으로는 보편적 복지로 나아가는 것이 바람직합니다.

빈곤층에 대해서는 선별적 복지를 제공하는 것이 바람직합니다. 같은 빈곤층이라 하더라도 어떤 가구는 최저 생활 수준을 유지하기가 어려울 수 있고, 어떤 가구는 의료적인 원조가 필요하거나 주거비 또는 자녀의 교육비에 관한 욕구가 클 수도 있습니다. 그래서 같은 빈곤층이라 하더라도 필요한 욕구에 따라 다르게 지원하는 것이 필요합니다.

그러면 어떤 경우에 보편적 복지를 제공하는 것이 바람직할까요? 유아기부터 노년기에 이르기까지 누구나 겪게 되는 기본적인 욕구에 대해서는 보편적 복지를 제공하는 것이 사회 통합적 차원에서 바람직합니다.

의료 서비스는 보편적 복지로 제공하는 것이 바람직합니다. 부자이건 가난한 사람이건 건강하게 살고 싶은 욕구가 있습니다. 의료 서비스를 보편적 복지로 제공한다면 어떤 사람이 의료 서비스를 받아야 하는가는 의료적 검진만으로 충분히 가려지므로 그 사람의 소득 수준을 조사할 필요는 없습니다. 의료 서비스를 보편적 복지의 형태로 모든 국민에게 제공하는 국가의 행복 지수는 대체로 높게 나타납니다.

보육 서비스도 보편적 복지로 제공하는 것이 바람직합니다. 복지 서비스의 재원은 국민들이 내는 세금입니다. 보편적 보육 서비스를 제공받게 되면 우리가 납부한 세금을 서비스 형태로 돌려받는 것입니다. 만일 가난한 사람들에게만 보육 서비스를 제공하기로 한다면 자선 사업가들만이 세금을 더 내겠다고 할 것이고, 일반 시민들은 세금을 내는 데 인색해질 수 있습니다. 자신들이 낸 세금이 자신들을 위해 사용되지 않기 때문입니다. 일반적으로 자신에게 복지 서비스가 돌아온다는 확신이 서지 않으면 복지를 위해 세금을 올리는 일에 반대하게 됩니다.

우리나라에서 보편적 보육 서비스는 저출산 문제를 해결하는 가장 현실적인 방안이 될 수 있습니다. 오늘날 우리나라 여성들은 평균적으로 평생 동안 1.24명(2015년 기준)의 아기를 낳습니다. 현재와 같은 저출산이 계속된다면 머지않아 우리나라는 생동성을 잃고 국가 간의 경쟁에서 뒤처지게 될 것입니다. 아이를 낳고 기르는 것은 개인만의 문제가 아니라 사회의 문제이고 국가의 존립이 달린 문제입니다. 그래서 보육 서비스는 아동을 키우는 모든 계층에게 보편적 복지로 제공하는 것이 더더욱 바람직합니다.

우리나라에서 선별적 복지와 보편적 복지 논쟁의 핵심에는 학교 급식 문제가 있습니다. 어떤 사람들은 학교 급식은 저소득 계층의 자녀에게만 선별적으로 제공해야 한다고 주장하고, 어떤 사람들은 모든 계층의 자녀에게 제공해야 한다고 주장합니다. 과연 어떤 방향이 바람직할까요?

선별적 급식을 할 경우에는 급식비를 내지 않고 급식을 제공받는 학생과 급식비를 내고 급식을 제공받는 학생들 사이에 차별이 생기고 위화감이 들 수 있습니다. 그러나 국민들이 내는 세금으로 모든 계층의 학생들에게 급식을 제공하면 위화감이 발생하지 않습니다. 부잣집 아이나 가난한 집 아이 모두 같은 장소에서 같은

조건의 급식을 제공받아 옹기종기 모여 점심을 먹을 경우, 소득 수준 차이로 인한 위화감을 줄이고 사회 통합을 증대시킬 수 있습니다. 위화감과 갈등을 해소함으로써 얻을 수 있는 이득은 눈에 보이지 않아 실감하지 못하지만, 이를 화폐 단위로 계산하면 증가된 사회 복지 지출을 상쇄하고도 남습니다.

그러면 의료 서비스, 보육 서비스, 학교 급식을 보편적 복지 서비스의 형태로 제공하기 위해서는 어떻게 해야 할까요? 국민들이 지금보다 더 많은 세금을 납부해야 합니다. 보편적 복지를 제공하기 위해서는 세금을 적게 내고 적은 복지를 받는 체제(저부담-저복지 체제)를 벗어나야 합니다. 대신에 세금을 조금 더 내고 조금 더 나은 복지를 받는 체제(중부담-중복지 체제) 혹은 세금을 지금보다 상당히 많이 내고 매우 좋은 복지를 받는 체제(고부담-고복지 체제)로 나아갈 필요가 있습니다. 중부담-중복지 혹은 고부담-고복지 체제로 가려면 모든 국민이 지금보다 더 많은 세금을 납부해야 합니다.

그러나 지금의 저부담-저복지 체제에서 급격하게 고부담-고복지 체제로 바꾸려 하면 무리가 많이 따릅니다. 스웨덴은 1930년대부터 정부, 고용주, 노동자들이 합의해서 점진적으로 보편적 복지국가로 발전했습니다. 한국은 2014년에 GDP의 10.4퍼센트를 사회 복지에 지출했습니다. 이 수치는 평균적으로 GDP의 20퍼센트 이상을 사회 복지에 지출하는 경제 협력 개발 기구(OECD) 국가들과 비교해서 매우 낮은 수준입니다. 이러한 차이점을 감안하면 현재의 저부담-저복지 체제에서 급격하게 고부담-고복지 체제로 바꾸는 것보다는 우선 중부담-중복지 체제로 옮겨 간 이후 점차 고부담-고복지 체제로 변화하는 제도적 유연성이 필요합니다.

03

사회 복지 선진국과

후진국,

무엇이 다를까?

미국에서는
불평등이

당연하다고?

미국은 1인당 GDP가 5만 7,220달러(2016년 IMF 발표 기준)로 세계에서 다섯 번째로 높은 강대국입니다. 하지만 GDP 대비 사회 복지 지출 규모는 19.2퍼센트(2014년 기준) 수준으로 경제 협력 개발 기구(OECD) 조사 대상국 28개국 중에서 끝에서 일곱 번째로 적습니다. 그래서 미국은 사회 복지에 관한 한 후진국입니다. 반면에 스웨덴은 1인당 국민 소득이 5만 1,136달러로 세계에서 열 번째로 높으면서 GDP 대비 사회 복지 지출은 28.1퍼센트에 이르러 세계에서 아주 높은 수준입니다.

미국과 스웨덴, 두 국가는 모두 경제 수준이 매우 높은데 사회 복지 지출은 왜 이렇게 대조적일까요? 여러 가지 이유가 있겠지만 주된 이유 중의 하나는 문화의 차이입니다. 미국은 개인주의 문화가 널리 퍼져 있는 국가이고 스웨덴은 집합주의 문화가 뿌리내린 국가입니다.

먼저 미국을 살펴볼까요? 미국은 건국 초부터 개인주의가 발전한 국가입니다. 미국 개척 시기의 문화를 잘 묘사한 「파 앤드 어웨이」(1992년작)란 영화를 보면, 말을 타고 먼저 달려가서 깃발을 꽂으면 그곳까지가 자기 땅이 되는 장면이 나옵니다. 이것은 초창기 미국에서는 노력하면 토지가 주어졌다는 것을 보여 줍니다. 미국에서는 토지가 일종의 사회 보장 형태를 띠었습니다. 그래서 미국은 노력하면 누구나 지위가 상승할 수 있는 약속의 땅이었습니다.

특히 개척되지 않은 서부 지역으로 가면 부자가 될 수 있는 기

회가 더 많았습니다. 이러한 상황을 보여 주는 대표적인 사례로 1848년 서부 지역에 위치한 캘리포니아에서 대규모 금광이 발견되자 많은 미국인들이 일확천금의 꿈을 안고 몰려든 골드러시를 들 수 있습니다. 이 현상은 미국인의 개척 정신과 함께 개인주의의 한 단면을 보여 줍니다.

캘리포니아의 항구 도시 샌프란시스코를 연고로 한 프로 미식축구팀 '샌프란시스코 포티나이너스(San Francisco 49ers)'는 '49년도의 사람'이란 뜻입니다. 금광이 발견된 뒤, 1849년에 금을 찾아 이곳으로 이주한 사람들에서 연유된 이름입니다.

개인주의 문화가 발달한 미국에서는 경쟁적 경제 체제가 최상이라고 생각하며, 경제는 국가가 개입하지 않아도 잘 유지된다고 봅니다. 개인주의 문화에서 실패는 개인의 탓이며, 불평등이 존재하는 것은 당연하다고 봅니다. 그래서 미국에서는 실패자를 비난하는 전통이 존재합니다.

개인주의 문화는 정부의 역할을 좁게 규정하면서 정부의 규제와 간섭을 최소화하고 개인 선택을 최대화하는 작은 정부를 지향합니다. 또한 국가의 개입으로 인해 개인의 사회적 지위의 차이가 줄어드는 것보다는 차등화를 지지합니다. 따라서 개인주의 문화는 국가가 사회 복지 제도를 도입하여 부자와 가난한 사람의 차이를 줄이기보다 개인 간의 차이를 그대로 두는 것을 지지합니다.

미국에서 사회 구성원들은 각자의 기본 욕구를 국가나 사회에 의존하기보다는 노동 시장에서 타인과 경쟁함으로써 충족시킵니다. 또한 사회 문제가 발생하면 그 해결책을 사회보다 개인에게서 찾는 경향이 있습니다. 그래서 각 개인은 스스로 위기 상황을 해결해야 합니다.

이러한 이유로 미국에서 가난한 사람을 돕는 것은 고귀한 마음을 지닌 부자가 자선 사업의 형태로 하는 게 바람직하지 정부가 나서서 할 일은 아니라고 봅니다. 국가는 가난한 사람들을 위한 사회 복지 프로그램을 지원하라고 부자에게 강요할 권리가 없으며, 자비로운 도둑이 부자의 돈을 훔쳐 가난한 사람에게 나눠 줄 권리가 없다고 보는 자유 지상주의 경제학자들의 주장이 아주 우세합니다. 그래서 미국에서는 사회 구성원들이 직면하는 노령, 실업, 장애, 산업 재해 같은 사회적 위험에 대비하기 위해 국민 전체를 대상으로 의무 가입을 원칙으로 하는 사회 보험 제도를 도입하는 것이 쉽지 않았습니다.

미국은 1930년대 대공황 시기에 사회 보장 제도를 도입했습니다. 수많은 사람들이 고통받았던 대공황을 겪고 나서야 미국은 빈곤이 사회의 책임일 수도 있다는 생각을 가지기 시작했습니다. 대부분의 유럽 국가들은 1900년을 전후한 시기에 사회 보장 제도를

주니어 대학

도입했으나, 미국은 1935년이 되어서야 사회 보장법을 제정하여 노령 연금 제도, 실업 보험 제도, 공공 부조 제도를 도입했습니다.

그러나 미국은 아직까지도 정부에서 운영하는 건강 보험 제도와 아동 수당 제도가 없습니다. 1935년 사회 보장법에서 건강 보험 제도가 제외된 이유 중의 하나는 "건강은 개인이 알아서 지킨다."라는 개인주의 문화가 자리 잡고 있었기 때문입니다. 아동 수당 제도가 도입되지 않은 것은 아동에게 좋은 교육을 제공하면 아동 문제는 해결될 것으로 보았기 때문입니다.

스웨덴은
어떻게

복지 국가가 되었나?

스웨덴은 미국과는 완전히 다른 모습을 보여 줍니다. 1912년 대서양에서 침몰한 호화 여객선 타이타닉호를 소재로 만든 영화 「타이타닉」을 보면 배 밑창 가까이 위치한 3등실에서 음악을 들으며 춤추는 스웨덴 사람들이 나옵니다. 왜 스웨덴 사람들은 여객선을 타고 미국으로 향했을까요? 여행을 떠나는 것이었을까요? 아닙니다. 그들은 '가난으로부터의 해방'을 외치며 미국으로 이민을 떠나는 길이었습니다.

스웨덴은 1900년대 초반만 하더라도 사람들이 살고 싶어 하지 않는, 유럽에서 가장 가난한 국가였습니다. 북극 가까이 위치해서 10월부터 다음 해 3월까지 6개월 동안 이어지는 긴 겨울은 낮이

매우 짧고 음산하며 평균 기온이 영하 10도 내외인 추운 기후가 지속됩니다. 농작물도 잘 되지 않아 18세기에 전해진 감자 덕분에 식생활이 나아진 형편이었습니다. 10세기경에는 바이킹들이 해상의 폭군으로 군림하면서 나쁜 짓을 서슴없이 했던 역사도 있습니다. 또한 의술이 발달하지 못하여 결핵이 널리 퍼지고 과격한 파업도 자주 일어났습니다. 이러한 자연환경과 사회적 상황으로 어떤 사람은 그 당시의 스웨덴을 '신이 버린 나라'로 불렀습니다.

척박한 환경을 견디다 못해 1870년부터 1930년 사이에 스웨덴 인구의 3분의 1에 해당하는 110만 명이 고국을 등지고 북아메리카 대륙으로 이민을 떠났습니다. 하지만 북아메리카에 이주한 스웨덴 사람들은 비옥한 토지에 정착하지 못했습니다. 영국이나 유럽의 다른 지역에서 먼저 이주해 온 사람들이 기후와 토양이 좋은 미국 동부 지역을 선점했기 때문입니다.

스웨덴 사람들은 어쩔 수 없이 중북부로 가서 겨울에는 춥고 여름에는 더운 미네소타 지역에 자리를 잡았습니다. 미네소타 주를 연고로 한 프로 미식축구팀의 이름이 '미네소타 바이킹스'인 것도 이 지역에 스웨덴에서 이주한 사람들이 많이 살기 때문입니다.

그러면 불과 백여 년 전만 해도 가난과 사람이 살기 힘든 기후로 인해 '신이 버린 나라'로 불리던 스웨덴이 어떻게 오늘날에는 많은 사람들이 살고 싶어 하는 복지 국가로 발전했을까요? 그 이면에는 집합주의 문화가 있습니다.

스웨덴은 집합주의 문화를 바탕으로 사회 복지가 발달한 국가입니다. 개인주의가 집단보다는 개인을 중시하여 개인의 이익을 추구하는 시각이라면, 집합주의는 사회의 중심 단위를 개인보다 집단으로 파악하여 집단의 행동을 통해 집단의 이익을 추구하는 시각이라고 할 수 있습니다. 하지만 스웨덴이 처음부터 집합주의 문화를 바탕으로 사회 복지가 발전했던 것은 아닙니다.

스웨덴의 집합주의 문화는 1930년대부터 발전하기 시작했습니다. 1932년 사회 민주당이 집권하면서 스웨덴에 변화의 바람이 불었습니다. 사회 민주당의 페르 알빈 한손 수상은 스웨덴을 '국민의 집'으로 만들겠다고 공언했습니다. 국민의 집이란 무엇일까요?

좋은 집에는 평등, 배려, 협력, 도움이 있습니다. 좋은 집에서는 누구도 특권 의식을 느끼지 않고 누구도 소외되지 않습니다. 독식하는 아이도 없고 천대받는 아이도 없습니다. 다른 형제를 얕보지 않으며 약한 형제를 밟고 이득을 취하지 않습니다. 부족한 형제를 무시하거나 억압하지 않습니다. 좋은 집에서는 식구들이 서로서로 관심을 가지기 때문에 미래의 희망이 있습니다.

한손 수상은 국가를 좋은 집의 형태로 만들면 모든 국민이 행복을 누릴 수 있으리라 믿었습니다. 국가가 좋은 집처럼 된다면 국민들이 특권층과 비특권층, 지배자와 피지배자, 부자와 가난한 사

람으로 분리되지 않습니다. 그래서 지금 스웨덴은 좋은 집처럼 포근한 국가가 되어 모든 국민이 다 함께 잘사는 나라입니다.

스웨덴의 집합주의 문화는 자본가와 근로자 간의 협력 관계에서도 찾아볼 수 있습니다. 하지만 처음부터 자본가와 근로자가 협력했던 것은 아닙니다. 1931년 오달렌이라는 도시에서 과격한 파업이 일어났는데 정부가 군대까지 동원해 진압하면서 사상자가 발생했습니다. '오달렌 사건'으로 불리는 이 사건은 지금까지도 스웨덴 사람들에게 지워지지 않는 트라우마로 남아 있습니다.

이러한 사회적 상황에서 기업 대표와 노동자 대표는 대화를 시작했습니다. 대화를 하다 보니 기업 대표는 노동자의 사정을 알게 되고, 노동자 대표는 자본가의 고충을 알게 되었습니다. 그래서 1938년 살트셰바덴이란 도시에서 자본가와 노동자가 대타협을 하게 됩니다. 이 결과가 그 유명한 '살트셰바덴 협약'입니다.

이 협약의 주된 내용은 생산에 관한 결정은 자본가에게 맡기고 정책 결정이 내려지는 과정은 국가와 노동자에게 맡기는 것이었습니다. 이것은 자본가와 노동자, 어느 한쪽이 다른 한쪽에 지배받는 것이 아니라, 서로 인정하며 동등한 권한을 행사한다는 뜻입니다. '살트셰바덴 협약' 이후 스웨덴에서는 자본가들이 노동자들과 이익을 공유하기 시작했고, 노동자들은 과격한 파업이나 투쟁을 하지 않게 되었습니다.

스웨덴은 1930년대부터 좋은 집과 같은 국가를 만들기 위해 아동 수당, 출산 수당, 기초 연금과 같은 보편적 사회 복지를 늘리기 시작했습니다. 그러려면 국민들이 세금을 더 많이 납부해야 했습니다. 스웨덴에서는 소득의 40퍼센트 이상을 세금과 사회 보장 부담금으로 납부합니다. 그러나 세금을 많이 납부하는 데에 저항이 없습니다.

부자들은 과중한 세금을 부담함에도 불구하고 계속해서 열심히 일하고, 가난한 사람들은 정부의 지원을 활용하여 자신들의 생산성을 향상시킵니다. 이러한 현상이 가능한 것은 내가 낸 세금이 사회 복지 서비스의 형태로 우리 가족에게 다시 돌아온다는 믿음이 있기 때문입니다. 또한 정치인과 관료들이 청렴하여 세금을 사회 복지에 제대로 사용할 거라는 믿음이 있기 때문이기도 합니다.

스웨덴은 어느 국가들보다 낮은 계층에서 높은 계층으로의 이동이 쉽습니다. 미국처럼 개인주의 문화가 우세한 몇몇 국가에서는 부모의 사회 경제적 지위가 아동의 교육 수준과 미래 소득을 결정하지만, 스웨덴에서는 그 정도가 훨씬 덜합니다. 가난한 가정에서 태어난 아이일지라도 최상위 소득 집단에서 자라는 아이와

주니어 대학

거의 똑같은 교육을 받습니다. 정규 학교 교육 이전의 영아 시기부터 받는 의무 교육이 모든 아동들에게 적용됩니다. 모두 국민들이 소득의 40퍼센트를 세금으로 내기 때문에 가능한 일입니다.

스웨덴에서는 기업이 도산해서 실업 상태가 된 실직자를 위해서 일정 기간 동안 실업 급여를 제공하는 소극적인 방법에 그치지 않고, 직업 훈련이나 재교육 프로그램까지 제공하는 적극적인 방법을 택합니다. 실직자는 실직 전 월급의 80퍼센트 정도를 실업 급여로 받고, 의료 보험 혜택을 그대로 받으면서 정부에서 지원하는 직업 재교육을 받거나 새로운 기술을 습득해 이전보다 월급이 더 많은 직장을 갖게 됩니다. 실직을 하더라도 사회 복지의 도움을 받아 얼마든지 재기할 수 있고, 더불어 경제도 복지 제도로 인해 활력을 유지합니다.

04

누구나

좋은 의료 서비스를

받아야 한다!

아프면

치료비는
누가 낼까?

      평생 동안 아프지 않고 병원에 갈 일 없이 살 수 있다면 좋겠지요. 그러나 사람은 대부분 태어날 때 병원에서 태어나고, 살다 보면 가벼운 감기를 앓는가 하면 어떤 경우에는 큰 수술을 받아야 할 때도 있습니다. 평생 병원에 가지 않고 사는 사람은 거의 없을 겁니다. 병원에서 치료를 받거나 수술을 받으면 비용이 발생합니다. 그러면 치료비는 누가 내나요?

  우리나라를 포함하여 대부분의 선진국에서 치료비를 내는 방법은 두 가지가 있습니다. 첫 번째 방법은 국가가 국민들이 낸 세금으로 치료비를 지불하는 방법입니다. 국민들이 낸 세금으로 의료 서비스를 제공하는 방법을 NHS(National Health Service, 국민

보건 서비스)라고 부르는데, 영국, 프랑스, 덴마크가 이러한 방법을 택하여 시행하고 있습니다.

NHS에는 '서비스(Service)'라는 용어가 들어 있습니다. 이것은 보건 의료 서비스를 상수도, 전기, 국방, 경찰, 사회 복지 서비스와 같이 국가가 책임져야 하는 보편적 사회 서비스의 하나로 본다는 뜻입니다. 그래서 NHS는 다음과 같은 세 원칙에 따라 시행됩니다.

하나, 의료 서비스가 필요한 모든 사람에게 의료 서비스를 제공한다. 둘, 본인 부담금 없이 의료 서비스를 제공한다. 셋, 환자의 지급 능력이 아닌 의료적 필요에 따라 의료 서비스를 제공한다.

이러한 원칙은 치료비를 낼 능력과 상관없이 모든 사람들이 적절한 의료 서비스를 받아야 한다는 것을 의미합니다. 따라서 NHS를 시행하는 국가에 합법적으로 거주하는 사람이라면 가난해서 치료를 받지 못하는 경우가 없습니다.

NHS를 시행하는 국가에서는 병원을 방문하는 환자가 치료비를 부담하지 않으며, 병원에서 발생하는 모든 비용이 세금으로 충당됩니다. 영국에서는 감기로 병원을 방문하든 출산이나 큰 수술을 받기 위해 병원에 입원하든 병원비를 전혀 내지 않습니다. 약 값은 약의 수량에 관계없이 7파운드(약 1만 원) 정도로 동일합니다. 먼 거리에서 온 환자에게 교통비까지 제공하기도 합니다. 의사는 환자를 진료하고 국가로부터 월급을 받습니다.

부자이거나 가난한 사람이거나 관계없이 누구나 본인 부담금 없이 의료 서비스를 받기 때문에 이러한 국가에서는 부자들보다 세금을 적게 내는 가난한 사람들이 더 많은 혜택을 봅니다. 그래서 공공 건강 보험과 국민 보건 서비스에는 서로 돕고 사는 상부상조의 정신이 깃들어 있습니다.

우리나라 건강 보험은 병원을 외래로 이용할 때 본인 부담률이 의원급은 진료비의 30퍼센트, 병원급은 35~40퍼센트, 종합 병원은 45~50퍼센트, 상급 종합 병원은 60퍼센트이다.

두 번째 방법은 우리나라와 같이 국가가 사회 보험 형태로 공공 건강 보험을 운영하는 것입니다. 국가가 건강 보험을 운영하는 경우에 모든 국민은 의무적으로 가입하여 건강 보험료를 매달 납부하도록 합니다. 건강 보험료는 소득 수준이 높으면 많이 내고 소득 수준이 낮으면 적게 냅니다.

공공 건강 보험은 의무적으로 가입한 사람들이 납부한 보험료로 병원에서 치료받은 사람의 치료비를 지불합니다. 그래서 내가 납부한 보험료가 다른 사람의 치료비로 사용되기도 하고, 다른 사람이 납부한 보험료가 나의 치료비로 사용되기도 합니다. 대체로 소득 수준이 낮은 사람들의 건강 상태가 소득 수준이 높은 사람들보다 좋지 않기 때문에 공공 건강 보험의 시행으로 소득 수준이 낮은 사람들이 더 많은 이득을 봅니다.

그러나 공공 건강 보험이 모든 치료비를 부담하지는 않습니다.

우리나라의 경우 건강 보험은 병원에서 발생하는 전체 치료비의 55퍼센트 정도를 부담하고 나머지는 환자 본인이나 가족이 부담합니다.

그러면 선진국 중에서 세금으로 치료비를 부담하지도 않고 공공 의료 보험도 없는 국가가 있을까요?

영국의 의료비는 무료입니다.

예, 있습니다. 미국입니다. 미국은 국가가 운영하는 건강 보험이 없고 세금으로 치료비를 지불하지도 않습니다. 그러면 미국에서 아프거나 사고가 나면 어떻게 될까요?

손가락이 잘려도

수술받을 수
없다고?

「식코」는 미국의 의료 제도를 다룬 다큐멘터리 영화입니다. 실제로 일어난 일을 영화로 만든 것인데 다음과 같은 사례가 나옵니다.

미국에서 어떤 사람이 공장에서 일을 하다 가운뎃손가락과 넷째 손가락이 절단되는 사고를 당했습니다. 이 사람은 급히 병원으로 달려가 수술해 줄 것을 요청했습니다. 병원에서는 먼저 환자가 의료 보험이 있는지를 확인했습니다. 불행히도 환자는 의료 보험이 없었습니다. 그러자 병원에서는 가운뎃손가락을 봉합하는 수술을 하는 데 6만 달러(약 6,900만 원)가 필요하고, 넷째 손가락을 봉합하는 수술을 하는 데 1만 2,000달러(약 1,380만 원)가 필요하

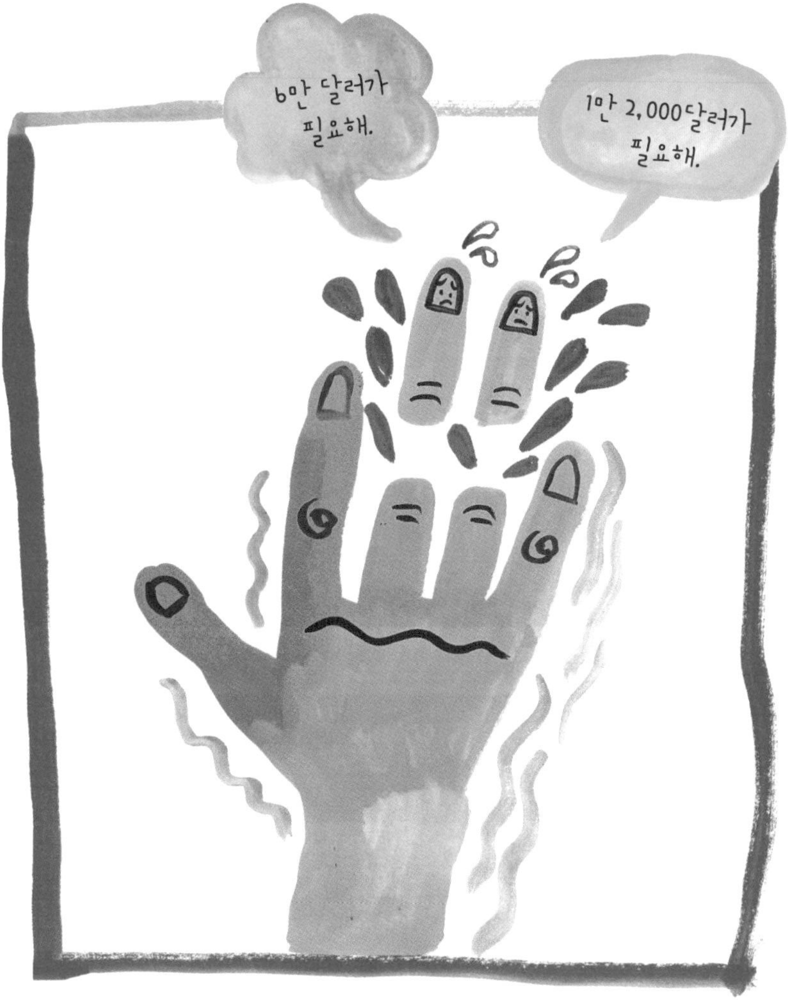
6만 달러가 필요해.
1만 2,000달러가 필요해.

영화 「식코」는 마이클 무어 감독의 작품으로 2007년에 개봉되었다. 미국 사회의 의료 시스템을 캐나다, 프랑스, 영국, 쿠바 등의 국가 의료 보장 제도와 비교하여 돈 없으면 치료를 포기해야 하는 미국 사회를 고발했다.

다고 했습니다. 결국 이 환자는 돈이 부족해 가운뎃손가락 봉합 수술은 포기하고 넷째 손가락만 봉합 수술을 했습니다.

참 끔찍한 일이지요? 왜 이런 일이 벌어졌을까요? 그 이유는 미국에서는 공공 건강 보험 제도가 없고 세금으로 의료비를 지불하는 NHS 제도가 시행되지 않기 때문입니다. 아프거나 사고가 나서 병원에 가게 되면 치료비를 고스란히 환자나 환자 가족이 부담하거나 민간 의료 보험에 가입하여 해결해야 합니다.

그러면 민간 의료 보험에 가입하면 되지 않느냐고 반문하겠지요? 문제는 미국의 민간 의료 보험은 보험료가 매우 비싸다는 데 있습니다. 4인 가족이 민간 의료 보험에 가입하면 대체로 1년에 2만 달러(약 2,300만 원) 넘는 보험료를 내야 합니다. 여기에 치과나 안과 진료비는 포함되어 있지 않습니다. 좋은 회사에서 일하면 회사에서 의료 보험료의 75퍼센트 정도를 부담해 줍니다. 그래도 나머지 25퍼센트는 개인이 부담해야 합니다.

자영업자나 프리랜서, 또는 회사가 의료 보험료를 제공하지 않는 직장인들은 의료 보험료를 자기가 번 돈으로 모두 부담해야 합니다. 이렇다 보니 미국 사람들 사이에서 민간 의료 보험에 가입되어 있다는 것은 마치 특권을 가지고 있는 것처럼 느껴진다고 합니다. 직장을 구할 때에도 제일 먼저 알아보는 것이 회사에서 어느 정도까지 의료 보험료를 지원하는가입니다. 마음에 드는 직장이라 하더라도 의료 보험료 지원이 적으면 입사를 다시 생각하게 됩니다.

미국의 의료 보험비가 비싼 이유는 의료 보험을 민간 보험 회사에서 운영하기 때문입니다. 질병에 걸릴 확률이 높은 사람들은 만약에 대비하기 위해 민간 의료 보험에 가입합니다. 민간 의료 보험 회사는 이윤을 창출하기 위해 점점 보험료를 올립니다. 그렇게 되면 건강한 사람들, 특히 가난하면서도 건강한 사람들은 높은 보험료 때문에 민간 의료 보험 가입을 주저하게 됩니다. 그러면 민간 의료 보험 회사는 이윤을 내기 위해 보험료를 더 올리게 됩니다. 결국 생활이 넉넉한 사람들은 민간 의료 보험에 가입하여 질병에 걸려도 걱정하지 않으나 높은 보험료 때문에 주저하여 보험 가입을 포기했던 가난한 사람들은 질병에 걸리면 많은 어려움을 겪습니다.

그러면 미국에는 국가가 운영하는 공공 의료 보험 제도가 왜 없을까요? 미국도 몇 차례에 걸쳐 공공 의료 보험 도입을 시도했지만 모두 실패했습니다. 1935년 사회 보장법이 제정될 때 노령 연금 제도와 실업 보험 제도는 도입되었으나 의료 보험 제도는 도입되지 못했습니다.

비교적 가까운 과거인 빌 클린턴 행정부 때도 공공 의료 보험 제도를 도입하고자 했으나 실패했습니다. 실패한 이유는 정부가 운영하는 공공 의료 보험 제도가 만들어지면 역할이 매우 제한되는 민간 의료 보험 회사에 있었습니다. 민간 의료 보험 회사는 정치인들에게 로비를 벌여 공공 의료 보험 제도 도입을 방해했습니다. 미국의 의료 제도에 있어서 가장 힘이 센 사람은 환자나 의사, 병원이 아닌 민간 의료 보험 회사입니다.

국가는

국민의 건강을
책임져야 한다!

건강해지고 싶은 마음은 의식주 다음으로 중요한 인간의 기본적인 욕구입니다. 사람이 태어나서 노년에 이르기까지 불의의 사고나 질병에 의한 불행을 최소화하고 건강한 삶을 유지할 수 있도록 국가는 최선을 다해야 합니다. 모든 사람이 좋은 의료 서비스를 받을 수 있도록 하기 위해서는 건강을 개인 책임으로 내버려 두어서는 안 될 것입니다. 국가가 책임을 지고 국민들의 건강권을 보장해야 합니다.

이를 위해 우리나라는 정부가 사회 보험 형태의 공공 건강 보험 제도를 운영하고 있습니다. 단, 우리나라의 건강 보험은 병원에서 발생하는 비용의 55퍼센트 정도만 부담합니다. 또 병원에 가면 '부대 비용'으로 내야 하는 돈이 많습니다. 선택 진료비, 병실료, 간병비 그리고 보험 대상에서 제외되는 치료비는 환자가 병원에 직접 납부해야 합니다. 그래서 건강 보험을 보완하는 민간 의료 보험을 활성화하자는 의견이 있습니다. 민간 의료 보험을 활성화하면 어떤 현상이 발생할까요?

현재의 공공 건강 보험이 치료비 중에서 부담하는 비율을 그대로 두면서 민간 의료 보험 제도를 활성화하게 되면 민간 의료 보험 회사들은 다양한 보험 상품을 개발하여 판매할 것입니다. 국민들은 건강 보험의 보장률이 낮기 때문에 울며 겨자 먹기로 민간 보험에 가입하게 됩니다. 결국 개인이 부담하는 의료비가 자연히 증가하게 됩니다. 민간 의료 보험에 가입할 여력이 없는 소득 수준이 낮은 사람들은 의료 사각지대에 놓일 가능성이 높습니다. 이것은 국가가 책임져야 하는 국민의 건강 관리를 시장에 맡기는 것이며, 건강은 개인이 책임져야 한다는 것을 의미합니다. 이렇게 되면 의료 서비스 불평등이 심화됩니다.

그래서 모든 국민들이 의료 서비스를 권리 성격으로 받으려면 건강 보험의 보장성 강화가 필수입니다. 보장성 강화라고 하는 것은 병원에서 발생하는 치료 비용을 건강 보험에서 가능한 한 많이 부담하도록 한다는 뜻입니다.

05

사회적 위험에서

지켜 주는

사회 복지

순식간에

빈곤으로
추락한다고?

독일의 석학 울리히 벡은 오늘날의 사회를 '위험 사회'라고 불렀습니다. 산업화를 통한 과학 기술의 발전이 물질적 풍요를 가져다주었지만 여러 가지 새로운 위험도 함께 몰고 왔다는 것입니다. 그러면 우리가 사는 사회에는 어떤 위험이 있을까요?

사회가 단순하고 엄격한 계급에 의해 질서가 잡혀 있던 농경 사회에서는 문제가 되지 않았으나 산업 사회에서는 문제가 되는 현상들이 있습니다. 노령으로 인한 퇴직, 실업, 산업 재해, 장애와 같은 현상입니다. 이러한 현상들은 산업 사회에서는 빈곤과 직결되는 위험한 문제로 등장했습니다. 이 문제들을 '사회적 위험'이라고 부릅니다.

과거 농경 사회에서는 나이가 들어도 계속 일을 했기 때문에 퇴직의 개념이 존재하지 않았습니다. 오히려 노인들은 가장으로서 권위를 인정받았고 삶의 지혜가 있어 존경받았습니다. 그러나 사회가 산업화되면서 노인들은 농경 사회에서 누렸던 권위를 상실하였습니다. 노령으로 인한 퇴직은 소득 단절로 이어지고, 소득이 단절되면 바로 빈곤 상태에 놓이게 됩니다. 퇴직은 사람들의 삶을 위협하는 사회적 위험입니다.

　　산업화는 노동 인구의 속성을 변화시켜 자신의 노동력을 팔아야만 생계를 유지할 수 있는 사람들을 크게 늘렸습니다. 농업이나 어업과 같은 1차 산업에 종사하던 사람들 중 대다수가 2, 3차 산

업 노동자가 되면서 임금을 위한 고용이 경제의 주축이 되기 시작했습니다. 그러나 노동자가 언제나 고용 상태에 놓여 있는 것은 아닙니다. 때로는 회사가 망해서 일자리를 잃기도 하고 때로는 해고되어 실업 상태에 놓이기도 합니다. 산업 사회에서는 일하는 사람과 일하지 않는 사람 간의 격차가 있게 됩니다. 이러한 이유로 실업은 사람들의 삶을 위협하는 사회적 위험입니다.

농경 사회에서는 산업이 고도로 발전하지 않았기 때문에 심각한 산업 재해가 없었습니다. 그러나 산업화된 사회에서는 사람들이 공장에서 일하다 다치는 경우가 종종 발생하게 되었습니다. 노동자는 다치면 일을 할 수 없어 임금을 받을 수 없습니다. 이처럼

산업 재해는 사람들의 삶을 위협하는 사회적 위험입니다.

이 외에도 산업 사회에서는 다양한 사고로 인한 장애가 발생합니다. 농경 사회에서는 신체적 장애가 주류를 이루었다면 산업 사회에서는 신체적 장애와 더불어 급격히 변화하는 사회에 적응하지 못해 발생하는 정신적인 장애가 증가합니다. 또한 직업병으로 인한 장애도 나타납니다. 장애는 노동력의 상실과 바로 연결됩니다. 장애는 사람들의 삶을 위협하는 사회적 위험입니다.

이러한 사회적 위험들은 가족이나 친지, 이웃, 지역 사회와 같은 비공식적 연결망이 제 기능을 한다면 충분히 해결될 수 있습니다. 그러나 사회가 산업화, 도시화되고 사람들이 일자리를 찾아 쉽게 이동하면서 비공식적 연결망은 급속히 해체되었습니다. 개인이 사회적 위험에 처했을 때 가족 또는 비공식적 연결망을 통해 그 위험을 적절히 해결하지 못하는 사회가 되었습니다.

산업 사회에서 사회적 위험은 누구에게나 찾아올 수 있습니다. 어느 가정에 사회적 위험이 발생하면 그 가정은 소득이 중단되어 빈곤으로 추락하게 됩니다. 이처럼 과거에는 없었던 사회적 위험들이 사회 구성원을 위협하게 됩니다. 힘든 생활을 하는 사회 구성원들은 그들이 처한 사회적 위험으로부터 탈피하려는 바람 즉 사회적 욕구를 갖게 됩니다. 이 욕구는 개인 차원에서 해결할 수 있는 수준을 넘어섭니다. 그래서 이러한 위험을 해결할 수 있는 수

주니어 대학

단이 사회에 있는 것으로 보고, 해결할 책임을 사회나 국가에 지우게 됩니다.

국가는 사회 복지 제도를 만들어 사회적 위험에 대비합니다. 대표적인 제도들이 연금 제도, 실업 보험 제도, 산업 재해 보상 보험 제도, 건강 보험 제도입니다. 1960년대 발전했던 초기 단계의 복지 국가는 사회적 위험을 해결하기 위해 도입한 사회 복지 제도를 기반으로 발전했습니다.

이런 점에서 볼 때 산업 사회에서의 사회 복지는 근대 자본주의가 낳은 사회적 위험들에 대응하기 위한 위험 관리 체계라고 할 수 있습니다.

새로운

사회적 위험의
등장

산업 사회 초기에 나타난 사회적 위험은 비교적 단순했습니다. 그래서 사회적 위험으로 인해 소득이 단절된 가정에 소득을 보장해 주는 사회 보장 제도를 도입하면 문제의 대부분은 해결되었습니다.

그러나 1980년대 이후 사회가 후기 산업 사회로 진입하면서 노동 시장의 불안정, 세계화, 기술 혁신, 인구 고령화, 여성의 노동 시장 참여 증가, 독신과 이혼의 증대와 같은 사회 경제적 변화가 생겨났습니다. 그로 인해 새로운 사회적 위험들이 등장하기 시작했습니다.

산업 사회 초기에는 별로 이슈가 되지 않았으나 후기 산업 사회에서 두드러지게 등장한 사회적 위험으로는 청소년 교육 문제, 노인 돌봄 문제, 숙련 기술이 결여된 노동자의 질 낮은 고용 문제, 가정과 직장의 긴장 관계 문제, 한부모 가족과 다문화 가족의 문제, 가족 기능 축소로 인한 가족 부양 문제 등이 있습니다.

> 산업 사회는 사회 구조의 기본 성격이 공업화에 의하여 규정되고 재편되어 있는 사회이다. 후기 산업 사회는 정보화 사회를 가리키는 말로서, 서비스업이 산업 구조의 중심을 이루고, 전문직, 기술직, 과학자 등 지식을 다루는 전문가 집단의 영향력이 커지는 것이 특징이다.

　사회가 산업화되면서 등장한 사회적 위험을 '전통적인 사회적 위험'이라고 부르고 후기 산업 사회에서 새롭게 등장한 사회적 위험을 '새로운 사회적 위험'이라고 부릅니다.

　그러면 전통적인 사회적 위험과 새로운 사회적 위험은 어떤 차이가 있을까요? 전통적인 사회적 위험이 산업화에 기반을 둔다면, 새로운 사회적 위험은 후기 산업 사회의 사회 경제적 변화에 기반을 두고 있습니다. 또한 전통적인 사회적 위험이 노인층이나 장애인과 같은 사회적 약자에게 닥쳤다면 새로운 사회적 위험은 노동 시장 및 가족 구조의 변화에 의해 젊은이나 여성에게서 발생하고 있습니다. 특히 어린 자녀가 있는 여성, 비숙련 노동자, 낮은 기술을 지닌 비정규직과 같은 사회적 약자가 새로운 사회적 위험의 대상이 됩니다. 그래서 새로운 사회적 위험은 노동 시장의 불안정과 여성의 역할 변화에 주목합니다.

먼저 노동 시장의 불안정성에 대해 이야기해 봅시다. 산업 사회 초기에는 한 번 고용되면 정년퇴직할 때까지 일할 수 있었으며 지속적으로 경제 성장이 이루어졌으나 후기 산업 사회에서는 완전 고용과 지속적인 경제 성장이 불가능해졌습니다. 전통적인 사회적 위험이 노동력 상실과 관련된 위험에 한정되어 있다면, 새로운 사회적 위험은 노동 시장에의 접근 정도와 관련됩니다. 그래서 새로운 사회적 위험은 일자리를 찾는 어려움과 아동이나 노인을 보살펴야 하는 책임으로 인한 고용 능력의 제한과 관련됩니다. 저학력, 낙후된 기술 등으로 인해 일자리를 찾기 어렵게 되고, 일자리를 찾더라도 임금이 낮은 일자리에 머물게 됩니다. 불안정한 고용은 결국 고용의 질을 악화시키고 노동자를 사회 복지 급여 및 기업의 복지 급여에서도 제외시키는 현상을 낳습니다.

초기 산업 사회에서는 낙후된 기술을 가진 노동자들도 고용 상태가 유지되어 생활하는 데 불편이 없었습니다. 그러나 후기 산업 사회에서는 숙련 노동자와 미숙련 노동자 간의 임금 격차가 확대되고, 미숙련 노동 시장의 경쟁이 심화되며, 취업 불안정이 증대되는 등 노동 시장에서 취약 계층이 당면하는 불이익이 수없이 많습니다. 숙련 노동자들은 임금 프리미엄을 누리는 한편 미숙련 노동자들은 저임금을 강요당하고 일자리는 얻었으나 빈곤을 면치 못할 가능성이 큽니다. 이런 환경이 '일하는데도 가난한' 근로 빈곤 계층을 많이 만들어 내게 되었습니다.

다음으로 여성들의 역할 변화에 대해 이야기해 봅시다. 산업 사회에서 남성은 직장에서 일하면서 가족을 부양하고 여성은 집에서 노인을 돌보고 자녀를 키웠습니다. 그러나 후기 산업 사회에 진입하면서 여성들의 노동 시장 참여가 급격하게 늘어나기 시작했습니다. 이러한 변화의 원인은 한편으로 후기 산업 사회의 노동 시장이 불안정해지면서 남성 혼자 가정을 부양하기 어려워졌기 때문이고, 다른 한편으로는 평등한 사회로 변화해 가는 과정에서 여성들의 사회 참여가 늘었기 때문입니다. 그러면서 일과 가족을 양립하기 어려운 문제가 생겨났습니다.

아동 양육과 노인 돌봄, 가사 노동은 가족 구성원 모두의 책임임에도 불구하고 여전히 사회에서는 이 책임을 여성들에게 맡깁니다. 이러한 현상은 여성들의 노동 시장 진입을 어렵게 만들어 비정규직 등 불안정한 고용 상태에 머무르게 합니다. 여성들의 불안정한 고용 상태와 아동과 노인을 보살필 책임은 서로 원인과 결과가 되어 여성들의 빈곤화를 가져오는 요인이 됩니다.

그러면 한국 사회는 어떠할까요? 현재 한국 사회는 전통적인 사회적 위험에 대한 대처가 제대로 되지 않은 가운데 새로운 사회적 위험이 나타나고 있습니다. 일차적으로는 노령, 실업, 산업 재해, 장애와 같은 사회적 위험으로 발생하는 소득 단절 현상을 해

결하면서, 이차적으로 새로운 사회적 위험에 대응해 새로운 복지 제도를 만들어야 합니다. 사회 복지는 이러한 복합적인 사회적 위험을 관리하고 해결하는 위험 관리자로서의 역할을 해야 합니다.

산업 사회의 위험 관리 체계는 남성 생계 부양자와 여성 보살핌 제공자라는 가족 형태에 바탕을 두었습니다. 초기의 사회 복지는 소득 단절에 대한 위험으로부터 보호해 주기 위해서 노령 연금, 실업 급여, 장애 수당과 같은 금전적 도움을 제공했습니다.

그러나 새로운 사회 복지는 아동과 취약한 노인의 돌봄을 사회가 책임지고 개인은 노동 시장에 참여해 소득을 가질 수 있도록 돕는 것을 목표로 합니다. 새로운 위험에 대한 사회 복지 정책들은 현금 지원보다는 유급 노동을 통해서 스스로 자립할 수 있도록 교육, 직업 훈련이나 재훈련 같은 서비스 중심으로 운영됩니다. 사회 복지는 새로운 위험에 대비한 정책과 그러한 위험으로 어려움을 겪고 있는 사람들을 위한 실천 방안들을 계속 개발하고 있습니다.

미래 사회엔 지금 예측할 수 없는 새로운 사회적 위험들이 나타날 것입니다. 그때가 되면 또다시 새로운 형태의 사회 복지가 위험 관리자로서의 역할을 담당하게 될 것입니다.

2부

행복한
세상을 만든
사람들

01

가난한 사람의

선한 이웃,

제인 애덤스

누구나

따뜻하게
환대하는 집

　　제인 애덤스(Jane Addams)는 1860년 9월 6일, 미국 일리노이 주에서 태어났습니다. 그녀의 아버지 존 애덤스는 에이브러햄 링컨의 친구이고 일리노이 주 상원 의원을 지냈습니다. 아버지는 자녀들에게 열심히 일해서 흘리는 땀의 가치와 시민에 대한 봉사 정신을 강조했습니다. 이러한 아버지의 교육은 어릴 때부터 몸이 허약했던 그녀가 척추 결핵을 극복하고 가난한 사람들을 위한 사회 정책을 추진하는 데 큰 힘이 되었습니다.

　　제인 애덤스는 일곱 살 무렵 아버지와 함께 이웃 도시에 갔다가 빈민촌을 보게 되었습니다. 조그만 집들이 다닥다닥 붙어 있는 마을에 사람들이 모여 사는 모습을 보고 큰 충격을 받은 그녀는 이

다음에 그곳에 커다란 집을 짓겠다고 결심합니다. 나중에 '헐 하우스(Hull House)'를 세워 가난한 사람들을 도와줌으로써 어린 시절의 결심을 실행에 옮겼습니다.

의사가 되어 가난한 이들과 함께 살아가고 싶었던 제인 애덤스는 필라델피아 여자 의과 대학에 입학했습니다. 그러나 얼마 지나지 않아 척추 결핵이 심해져서 학교를 그만두었습니다. 2년 동안 병치레를 했는데 이때 앓은 병으로 평생 동안 안짱다리에 척추 장애를 지니며 살았습니다.

제인 애덤스는 병이 낫자 의사의 권유로 유럽 여행을 떠났습니다. 영국 런던에 갔을 때 세계 최초의 사회 복지관인 '토인비 홀'을 방문했습니다. 그리고 그곳에서 가난한 사람들을 위해 헌신적으로 일하는 사회 복지사들의 모습에 큰 감동을 받았습니다. 그녀는 가난한 사람들의 '선한 이웃'이 되고자 결심합니다.

1889년 9월 시카고로 돌아왔는데, 당시 시카고에는 유럽과 아프리카 여러 나라 사람들이 돈을 벌기 위해 몰려들고 있었습니다. 외국인들 가운데 미국 생활에 순조롭게 적응한 사람들도 많았지만, 일부 사람들은 낯선 환경에 힘들어하다가 빈민이 되었습니다. 이들은 영어를 못해 취업이 어려웠고 갓난아기를 맡길 곳이 마땅하지 않았습니다. 먹을 것이 늘 부족했고, 아파도 병원에 갈 수 없었습니다. 시카고의 겨울은 몹시 추워서 거리에서 얼어 죽는 사람

들도 있었습니다. 제인 애덤스는 그들을 위해 사회 복지관 사업을 시작했습니다.

제인 애덤스는 "쉽게 찾아갈 수 있고 공간이 충분하며, 친절하고 너그럽고 누구나 따뜻하게 환대하는 분위기의 집"을 만들기를 원했습니다. 적당한 집을 찾다가 시카고 변두리 외국인 거주 지역에 있는 찰스 헐의 저택을 무료로 임대해서 '헐 하우스'라는 사회 복지관을 세웠습니다. 그녀는 유산으로 상속받은 돈을 내놓아 낡은 집을 수리하고, 가구를 들여 자원봉사자들과 함께 입주했습니다.

헐 하우스는 탁아소를 운영하여 일하는 부모들이 안심하고 아기들을 맡길 수 있도록 했습니다. 학교에 다니는 아이들은 수업이 끝나면 헐 하우스에 와서 운동도 하고 공부도 했습니다. 어른들을 위해서는 취업에 필요한 프로그램과 레크리에이션 및 문화 프로그램을 운영했고, 바느질, 요리, 양재, 직물 교실을 열었습니다. 제인 애덤스와 자원봉사자들은 진정으로 도움이 필요한 가난한 사람들의 이웃이 되려 했습니다.

이처럼 선한 마음에서 하는 일임에도 불구하고 처음에는 의심도 많이 받았습니다. "저 여자는 우리에게 다정한 척 웃고 있지만, 뒤로는 뭔가 속임수를 쓸지 몰라. 잘사는 미국인이 왜 우리같이 가난한 외국인들에게 친절하게 대하겠어? 그러니까 저 집과 멀리하는 것이 좋을 거야."라고 수군거리기도 했습니다.

제인 애덤스는 가난을 동정하지 않았고, 자신이 특별히 좋은 일을 한다고 우쭐거리지도 않았습니다. 그저 다정한 이웃이 되려고 했습니다. 이런 사실이 알려지자 헐 하우스를 찾아오는 사람들이 점차 늘어나기 시작했습니다.

공동체 생활을
통해

삶을 바꾸다

이윽고 헐 하우스는 미국 사회 복지관의 상징이 되었습니다. 헐 하우스의 창립 의도는 여성들에게 새로운 봉사 기회를 마련해 주고, 부자들과 가난한 사람들을 연결시켜 산업화 과정에서 파괴된 공동체 정신을 부활시키자는 것이었습니다.

헐 하우스에서는 부유한 중산층 여성들이 가난한 노동자 계층 사람들과 공동체 생활을 하면서 상담하고 도와주는 역할을 했습니다. 이들은 직업 교육, 보육, 은행 업무, 영어 교육, 미술 수업과 같은 여러 프로그램을 제공했습니다. 노동자들의 삶을 개선하는 데 도움이 되는 다양한 프로젝트를 이끈 것입니다.

이 무렵에는 어린아이들이 공장에서 일하는 경우가 많았습니

주니어 대학

다. 일곱 살 난 어린이가 아주 적은 돈을 벌기 위해 하루 14시간씩 일하는 일이 몹시 흔했습니다. 어떤 어린이들은 일하다 기계에 다쳐서 세상을 떠나거나 평생 장애인으로 살아야 했습니다. 몇 달러면 안전장치를 마련할 수 있는데도 공장주가 하지 않아 어린이들이 희생당한 것입니다.

제인 애덤스는 어린이 노동 문제를 조사하고 연구했습니다. 그리고 14세 미만 어린이는 공장 고용을 금지하도록 하며, 15세 이상이라 해도 이른 새벽이나 밤늦은 시간에는 일을 시키지 못하도록 하는 법을 만드는 데 앞장섰습니다.

제인 애덤스는 어린이뿐 아니라 성인들의 마음에도 관심을 기울였습니다. 헐 하우스 주변에 사는 많은 외국인 이민자들은 먹을 것이 없어서 굶주렸습니다. 다른 한편으로 아름다운 것을 접하지 못하는 정신적인 굶주림 또한 심했습니다. 그래서 그녀는 헐 하우스에 미술관을 만들었습니다. 많은 사람들이 빈민들에게 미술관은 어울리지 않는다며 비웃었습니다. 어떤 사람들은 미술관을 운영할 돈이 있으면 차라리 빵을 사서 나누어 주는 편이 더 나을 거라고 했습니다. 그러나 시간이 지날수록 헐 하우스 주변의 사람들은 미술관을 찾으면서 큰 위로를 받았습니다.

또한 당시에는 여성의 지위가 매우 낮아서 사회에서 여러 부당한 대우를 받았습니다. 특히 이민 온 여성들은 더 많은 어려움을 겪었습니다. 제인 애덤스는 이민 온 여성들을 보호하고, 모든 여성의 지위를 높이는 데 앞장섰습니다.

당시 수많은 사회 운동가들과 마찬가지로 제인 애덤스도 가난한 사람들을 돕는 데 삶을 바쳐 왔지만 동정심이나 연민에 대해서는 깊은 회의를 느꼈습니다. 봉사하는 사람들 중에서는 가난한 사람들을 돕는 데 실질적으로 아무런 효과가 없는 감상적 태도가배어 있는 경향이 있었습니다. 제인 애덤스는 그 볼썽사나운 모습에 의구심을 가졌습니다.

또한 공동체에 봉사한다는 이유로 스스로 만족해하는 부자들의 자기중심적 감정에 대해서도 거부감을 가졌습니다. 제인 애덤스는 도움을 주는 사람이나 받는 사람이 평등한 위치에 있어야한다고 생각했습니다. 서로 똑같이 얻는 것이 있고 배우는 것이있다고 굳게 믿었습니다.

제인 애덤스는 헐 하우스에서 일하는 사람들이 일을 즐기고 봉사를 좋아하길 바랐습니다. 동시에 그녀는 우월감을 지니고 봉사활동을 하는 것을 경계했습니다. 헐 하우스의 사회 복지사들은스스로를 낮추고 존재감을 줄이도록 요구받았습니다. 그들은 동정심을 억제하면서 가난한 사람들에게 진정으로 필요한 것이 무엇인지를 과학적 방법을 사용하여 조사했습니다.

헐 하우스에서 일하는 사회 복지사들에게는 도움이 필요한 사

람들의 친구나 상담자가 되어 주면서도, 그 과정에서 도움을 받는 사람이 내린 결정을 자신의 의견으로 압도하지 않는, 좀 특별한 태도가 요구되었습니다. 가난한 사람들이 다른 사람에게 의지하기보다는 자신의 삶을 스스로 결정하도록 돕자는 취지였습니다.

사회 복지사들이 빈민들에게서 알코올 의존증이나 범죄와 같은 어두운 면만을 본 것은 아니었습니다. 빈민들의 지적인 면과 능력, 그리고 매력도 보았습니다. 그래서 빈곤이 발생하는 원인을 나태하거나 부족한 개인의 성향에서 찾지 않고 빈민을 둘러싸고 있는 환경에서 찾았으며 사회 개량 운동을 전개했습니다.

한편 제인 애덤스는 요즘도 흔히 볼 수 있는 현상에도 주목했습니다. 많은 사람들이 대학을 막 졸업했을 때는 에너지가 넘치고 활기차고 당당하지만, 몇 년이 지나지 않아 서른 살만 되어도 모든 의욕이 퇴색하고 냉소적인 모습으로 변한다는 사실입니다. 다른 말로 표현하면 야망이 줄어드는 것입니다.

제인 애덤스는 자서전인 『헐 하우스에서 20년』에서 학생들은 학교에 다닐 때 스스로를 희생하고 헌신하면서 국가나 사회의 이익을 자신의 이익보다 위에 두라는 가르침을 받는다고 썼습니다. 그러나 막상 졸업을 하고 나면 직장을 찾아 정착하는 데 애쓰다가 자기 자신만 돌보게 됩니다. 잘못된 것을 바로잡고자 하는 욕망, 타인의 고통을 덜어 주고자 하는 생각들이 점차 사라집니다.

주니어 대학

제인 애덤스는 헐 하우스가 가난한 사람들을 돕는 곳이라고만 생각하지 않았습니다. 그곳이 보통 사람들이 고귀한 소명에 자신을 온전히 맡길 수 있는 곳이 되기를 원했습니다.

남성들이 주로 활동하던 영국의 토인비 홀과는 달리 헐 하우스에서 일하는 사람들은 중산층 출신의 젊은 여성들이었습니다. 시간이 흐르자 헐 하우스는 13채의 건물을 사용하고 대학교를 졸업한 직원들만 65명에 달할 정도로 성장했습니다.

제인 애덤스의 리더십 아래 헐 하우스는 미국에서 사회 복지관 운동과 사회 개혁 운동의 중심지가 되었습니다. 이후 헐 하우스를 모델로 하여 미국 여러 도시에 사회 복지관이 생겨났습니다.

미국 여성
최초로

노벨 평화상을 받다

제인 애덤스는 정치에도 활발하게 참여하였습니다. 1912년 진보당 전당 대회에서 제인 애덤스가 시어도어 루스벨트를 대통령 후보로 지지하는 연설을 했는데, 다음 날 신문은 루스벨트의 대통령 후보 수락 연설보다 제인 애덤스의 지지 연설에 더 많은 지면을 할애했습니다. 제인 애덤스는 전국을 돌며 진보당의 정책을 홍보하였고 유명 인사로 떠올랐습니다. 이 시기 그녀의 대중적 인기는 최고조에 달했습니다.

제인 애덤스는 평화 운동에도 헌신했는데, "평화란 전쟁이 없는 상태만이 아니라 공공의 발전을 이루어 나가는 상태"라고 말했습니다. 세계 평화를 위해서는 각국의 정부가 민주적이어야 하고 사회가 정의로워야 한다고 주장했습니다. 또 편견을 깨고 서로 돕고 이해하는 이민 노동자들의 삶 속에서 평화를 찾을 수 있다고 했습니다. 이민자 사회에서는 가톨릭교도인 이탈리아 출신 이민자와 유대 인인 오스트리아 출신 이민자가 서로 원수로 여기다가도 함께 대화하며 친구가 되는 모습을 종종 볼 수 있었습니다.

제인 애덤스는 평생을 독신으로 지냈고, 75년의 생애 가운데 절반이 훨씬 넘는 45년을 헐 하우스에 쏟았습니다. 남녀평등 사상에 평화주의를 접목시켰고, 아동 노동 폐지와 청소년 관련 법률 개혁, 여성 노동 조건 개선과 같은 여러 사회 운동을 위해 몸을 아끼지 않았습니다. 또한 백인들의 유색인에 대한 공격을 강력히 규탄하는 일에도 앞장섰습니다. 그로 인해 정부로부터 '미국에서 가장 위험한 여성'으로 간주되기도 했으나, 국민들을 대상으로 하는 여론 조사에서는 미국에서 '가장 도움이 되는 시민'이며 '세상에서 가장 훌륭한 여성'으로 꼽혔습니다. 많은 이들은 제인 애덤스를 '성녀 제인'으로 불렀습니다.

제인 애덤스는 1931년 미국 여성으로는 최초로 노벨 평화상을 받았습니다. 노벨상 시상식에는 건강이 나빠져 참석하지 못하였습니다. 그녀는 노벨 평화상으로 받은 상금을 모두 '여성 국제 평화 자유 연맹'에 기부했으며 세계 평화를 위해 애썼습니다.

사회 복지사로서, 미국의 상징적 사회 복지관인 헐 하우스 창설

자로서, 평화 운동가로서, 그리고 한때는 정치인으로서 도움이 필요한 사람들을 위해 사회 개혁을 추구했던 제인 애덤스는 1935년 5월 21일 세상을 떠났습니다. 헐 하우스에서 거행된 장례식에는 수많은 사람들이 참석하여 그녀의 죽음을 슬퍼했습니다.

20세기 미국을 대표하는 저널리스트 월터 리프먼은 제인 애덤스에 대해 이렇게 말했습니다.

"제인 애덤스는 동정심을 가지면서도 생색을 내지 않았습니다. 연민을 표하면서 속되지 않았습니다. 평범한 일에 공감하면서 비범한 일들도 잊지 않았습니다. 바로 그 때문에 그녀를 아는 사람들은 그녀가 착한 사람일 뿐 아니라 위대한 사람이었다고 말하는 것입니다."

헐 하우스 주변 거리는 제인 애덤스가 활동하던 당시에는 빈민촌이었지만 1963년 일리노이 대학교 시카고 캠퍼스가 들어서면서 대학의 중심가로 변했습니다. 대학이 들어서면서 헐 하우스는 철거될 위기에 처했으나 이웃 주민들의 반대로 13채의 건물 중에서 본관과 다른 한 채의 건물은 보존될 수 있었습니다. 현재 본관은 '제인 애덤스 헐 하우스 기념관'으로 꾸며져 관광객들이 즐겨 찾는 명소가 되었습니다.

복지 국가의

디딤돌을 놓은

웨브 부부

허약하고
내성적인

소녀

비어트리스 웨브(Beatrice Webb)는 1858년 1월 2일 영국 글로스터에서 1남 9녀 중 여덟째 딸로 태어났습니다. 그녀의 집안은 철도 사업으로 부를 쌓은 부르주아 계층이었습니다.

어린 시절의 비어트리스는 가족들과 어울리지 못하고 외톨이로 지냈습니다. 그녀의 바로 아래 남동생은 일찍 죽었고, 바로 위언니와 막내 여동생과는 나이 차이가 많이 났기 때문에 함께 놀기 어려웠습니다. 게다가 어머니는 딸들에게 냉담했을 뿐 아니라 특히 비어트리스가 다른 자식들보다 지능이 낮다고 여겨 애정을 주지 않았습니다. 그런 어머니와는 달리 다행히도 아버지는 아홉 명의 딸에게 골고루 사랑을 베풀면서 폭넓은 독서를 권했습니다.

　비어트리스는 심하게 내성적이었고, 몸이 허약해서 학교에 가지 못하고 침대에 누워 지내는 날들이 많았습니다. 그래서 학교에서 정식 교육을 받지 못하고 집에서 유모 잭슨과 같이 지냈습니다. 잭슨은 그녀를 잘 돌보았고 아낌없는 사랑을 나눠 주었습니다. 잭슨은 비어트리스에게 노동자 계층의 참혹한 생활을 알려 주었고, 두 사람은 말년에 이르기까지 애정과 존경심으로 인연을 이어 갔습니다.

　비어트리스는 15세 무렵부터 일기를 쓰기 시작했습니다. 일기는 평생 이어졌으며 그 내용이 한 개인의 생애를 넘어선 것이어서 1800년대 말에서 1900년대 초반의 영국 사회 변화를 연구하는 데 중요한 자료가 되었습니다. 훗날 그녀의 일기는 런던 정치 경제 대학에서 4권의 책으로 출판되었습니다. 이러한 사실은 어린 시절부

　주니어 대학

터 써 온 일기가 역사적으로 가치 있는 업적으로 남을 수 있다는 것을 보여 줍니다.

　당시 영국의 상류층에서는 아들은 대학에 보내고 딸은 런던의 사교계에 내보내어 사회 활동을 하면서 배우자를 구하도록 하는 오랜 전통이 있었습니다. 비어트리스도 사교계에 나갔고 '자선 조직 협회'에서 활동했습니다. 자선 조직 협회는 부유층 여성들이 참여하는 조직으로, 가난한 사람들을 돕는 단체였습니다.

　이 단체는 도움을 필요로 하는 사람들이 왜 가난하게 되었는가를 생각하지 않고 단순히 성실한 빈민과 게으른 빈민, 두 부류로 나누어 차별적으로 도움을 제공하였습니다. 가난한 사람들이 가난해진 이유는 따지지 않은 채 게으르다고 판단되는 빈민에게는 도움을 제공하지 않고 도태되도록 내버려 둔 것입니다. 이와 같은 관점으로 자선 조직 협회는 국가가 사회 복지 제도를 도입하여 가난한 사람들을 돕는 것을 반대했습니다.

비어트리스는 자선 조직 협회에서 5년 동안 일했습니다. 그러나 인간의 존엄성은 무시한 채 일부 빈민들을 게으르다고 판단해 그대로 내버려 두는 자선 조직 협회의 운영 철학에 깊은 회의를 느꼈습니다. 결국 그녀는 25세가 되던 해에 협회를 그만두었습니다.

그 후 사촌 형부인 찰스 부스의 빈곤 조사를 위한 조사원으로 일하면서 비어트리스는 일생일대의 큰 변화를 겪게 됩니다. 찰스 부스의 빈곤 조사는 세계 최초로 과학적인 방법을 사용하여 빈민들의 생활상을 조사한 것으로 학문적으로 매우 높이 평가받았습니다. 빈곤 조사 과정에 참여하면서 그녀는 부두 노동자들과 봉제 공장 노동자들의 비참한 생활 실태를 처음으로 목격했습니다.

비어트리스는 노동자들이 어떻게 생활하는지를 직접 체험하기 위해 신분을 속이고 봉제 공장에 위장 취업했습니다. 짧은 기간이었지만 노동자들과 같이 지낸 그녀는 자신의 체험을 「어느 여공의 일기」라는 제목으로 발표하고 영국 상원 특별 위원회에서 증언했습니다.

1+1=11이

된다고?

비어트리스는 난생처음 노동자들과 함께 지내면서 협동조합이나 노동조합이 노동자들의 복지와 자유를 향상시키는 데 큰 역할을 한다는 매우 중요한 사실을 발견했습니다. 그녀는 이러한 체험을 바탕으로 협동조합 운동에 관한 연구를 수행하다가 1890년 1월 이 연구의 자문 역할을 하던 시드니 웨브(Sidney Webb)를 만나게 됩니다.

시드니 웨브는 1859년 런던에서 태어났습니다. 그의 아버지는 비어트리스 가문에 비해 훨씬 낮은 계층인 구빈 지도관이었습니다. 그는 어릴 때 빈곤과 불결함으로 뒤범벅되어 있던 런던 거리를 목격하며 자랐습니다. 찰스 부스가 과학적인 방법으로 빈곤 실태를 조사하기 20년 전부터 시드니 웨브는 이미 런던의 빈곤 실태를 눈으로 직접 보아 왔던 것입니다. 그는 어려운 가정 형편 때문에 15세부터 취업하여 일하면서 공부를 했고, 공무원 시험에 합격하여 3년간 공무원 생활을 했습니다.

협동조합 운동을 같이 하면서 비어트리스는 시드니가 자신의 이익을 추구하지 않고 철저하게 공공의 이익을 추구하는 점에 호감을 가졌습니다. 시드니 역시 비어트리스가 상류 계층 출신이지만 노동자들의 삶을 진지하게 바라보고 있는 점에 호감을 갖게 되었습니다.

비어트리스와 시드니는 각자 추구하는 미래 세계의 모습이 상당히 비슷하다는 것을 알게 되었습니다. 시드니가 "1+1=11이 될 수

있다."는 말로 비어트리스에게 청혼을 하면서 두 사람은 1892년 결혼합니다. 상류층 여성인 비어트리스와 말단 공무원인 시드니의 결혼은 많은 사람들에게 충격을 주었습니다. 당시 영국 사회의 상류층은 결혼 상대자를 비슷한 수준의 상류층에서 찾았는데, 이 결혼은 관례를 벗어난 것이었기 때문입니다. 사실 이들은 결혼을 격렬히 반대한 비어트리스의 아버지가 세상을 떠난 이후에 결혼식을 올릴 수 있었습니다.

그러면 비어트리스와 시드니의 결혼은 '1+1=11'이 되었을까요?

비어트리스와 시드니 웨브 부부는 '페이비언 협회' 활동을 통해 영국이 제2차 세계 대전 이후 복지 국가로 발전하는 데 가장 크게 기여한 사람으로 평가받고 있습니다. 페이비언 협회는 19세기

말에 설립되어 복지 국가 건설에 사상적, 이론적 기초를 제공한 지식인 단체입니다.

시드니 웨브는 극작가 조지 버나드 쇼의 권유로 페이비언 협회에 가입하였습니다. 시드니는 수많은 결의문, 성명서, 논문, 팸플릿 등의 초안을 작성했습니다. 그의 탁월한 능력 덕분에 페이비언 협회는 영국의 사상계와 정치계에 많은 영향을 미치게 됩니다.

결혼 후 시드니의 권유로 페이비언 협회에 가입한 비어트리스는 노동 환경, 경제학, 정치학, 사회 입법 분야에서 시드니와 공동 연구를 수행하면서 실질적으로 페이비언 협회를 이끌었습니다.

페이비언 협회는 사회를 그대로 두면 빈곤이나 불평등을 감소

시킬 수 없다는 것을 인식하고 사회를 변화시킬 방안을 연구하였습니다. 이념적으로는 사회주의를 표방했지만 혁명적 변혁을 추구한 마르크스주의와는 달리 점진적인 변화를 선호했습니다. 이 협회는 여성들에게 보통 선거권 부여, 하루 8시간으로 노동 시간 단축, 공공 주택 건설, 공교육 실시, 최저 임금제 실시와 같은 혁신적인 내용들을 제안했습니다.

초기 영국의 복지 국가 건설에 기여한 노동당의 중요 인물들이 대부분 페이비언 협회 출신이었을 정도로 페이비언 협회는 영국의 복지 국가 형성에 중요한 디딤돌이 되었습니다.

공공의
이익을

위하어

웨브 부부는 모든 일을 자신들의 이익이 아닌 공공의 이익을 위해 했습니다. 그들은 어떠한 국민도 생활 수준이 어느 수준 이하로 떨어져서는 안 되고, 국가는 국민들이 문명 생활을 할 최소한의 기반을 마련해 줄 의무가 있다고 주장했습니다.

또한 국가의 사회 복지 서비스가 가난한 사람들에게만 제공되는 것에 반대하고, 지위와 소득 수준에 관계없이 모두에게 제공되는 보편적 서비스여야 한다고 주장하였습니다. 웨브 부부의 보편 복지 주장은 제2차 세계 대전 이후에 복지 국가로 나타났습니다.

1929년 시드니 웨브는 패스필드 남작이란 작위를 받습니다. 작위란 영국에서 왕족이나 공적이 뛰어난 사람에게 수여하는 명예의 칭호 또는 계급입니다. 하층 계급 출신의 시드니가 작위를 받은 것은 그만큼 국가 발전에 기여한 공적이 크다는 뜻입니다. 영국에서는 작위를 받은 사람의 부인은 작위명의 부인으로 불리는 것을 영광스럽게 여겼지만, 비어트리스는 패스필드 남작 부인이라 불리기를 한사코 거절하고 비어트리스 웨브로 불리기를 원했습니다. 1939년에 비어트리스는 페이비언 협회의 회장이 되었습니다.

비어트리스와 시드니는 페이비언 협회 활동, 수십 권에 달하는 저술 활동, 빈민들을 위한 사회봉사 활동 등 많은 일을 서로 협동하며 수행했습니다. 비어트리스가 본인의 자서전 제목을 『우리의 협동 시대』라고 붙일 정도로 웨브 부부는 평생 동안 '1+1=11' 정신을 실천했습니다.

웨브 부부는 노년기에 캐나다, 일본, 한국, 중국, 인도 등지로 세계 여행을 다녔는데, 여행 중 만난 인도의 한 부호가 기부한 기금으로 런던 정치 경제 대학의 사회 과학부를 설립하는 데 큰 공헌을 했습니다. 현재 런던 정치 경제 대학은 사회 과학 분야에서 세계 최고 수준으로 평가받고 있습니다.

1943년 비어트리스가 세상을 떠나고 4년 후 시드니도 뒤를 따랐습니다. 웨브 부부는 평생의 친구이자 동료였던 조지 버나드 쇼의 청원에 따라 영국 왕과 위인들이 묻혀 있는 웨스트민스터 사원에 함께 묻혔습니다.

3부

사회 복지학,
뭐가
궁금한가요?

01

사회 복지를 확대하면
국민들이
나태해지나요?

사회 복지가 확대되면 국민들을 나태하게 만들어 시장이 활력을 잃게 된다고 주장하는 사람들이 있습니다. 생활이 넉넉한 사람들은 자신들이 납부한 세금이 가난한 사람들에게 제공되기 때문에 일할 생각이 줄어들고, 가난한 사람들은 일을 하지 않아도 소득이 주어지기 때문에 일할 생각이 줄어든다는 논리를 내세웁니다. 정말 그럴까요?

먼저 생활이 넉넉한 사람들의 경우를 살펴봅시다. 1980년 앳킨슨과 스티글리츠는 사회 복지를 확대하기 위해 세금을 많이 올리더라도 근로자의 65~80퍼센트는 근로 의욕에 아무런 영향을 받지 않으며, 나머지 사람들의 절반은 오히려 일할 의욕이 더 생겼다는 연구 결과를 발표했습니다. 생활이 넉넉한 사람들이 일을 할 것인가 말 것인가 하는 것은 각자가 종사하고 있는 직업의 흥미나 건강에 의해 결정되는 것이지 세금에 의해 결정되는 것은 아닙니다.

그러면 가난한 사람들은 사회 복지가 확대되면 일할 의욕이 감퇴할까요? 1981년 댄지거와 그의 동료 헤브먼과 플로트닉은 사회 복지가 확대되니 가난한 사람들의 노동 시간이 3.5퍼센트 감소했다는 연구 결과를 발표했습니다. 그러나 이러한 노동력의 감소는 사회 복지 확대로 인한 긍정적인 효과인 인적 자본의 향상과 생산성 증가 등에 의해 충분히 상쇄됩니다. 그래서 사회 복지가 확대된다 하더라도 가난한 사람들의 근로 동기를 약화시켜 경제가 활력을 잃어버리는 일은 발생하지 않습니다.

또한 실업 보험 제도가 잘 발달되어 있으면 일을 그만두어도 실업 급여를 받아 생활할 수 있기 때문에 취업을 하지 않을 것이라는 주장이 있습니다. 이 주장이 맞는다면 실업 급여가 오래 지급되는 국가의 취업률은 낮아야 합니다. 그러나 실업 급여가 실직 후 730일간 지급되며 평균 임금의 90퍼센트인 덴마크의 취업률은 75퍼센트 이상으로 다른 국가들보다 훨씬 높습니다. 반면 복지 수준이 훨씬 뒤떨어지는 한국의 취업률은 60퍼센트 초반에 머물고 있습니다. 한국의 실업 급여는 실직 후 90~240일간 지급되며 실직 전에 받은 임금의 50퍼센트 정도입니다. 이런 사실을 고려하면 사회 복지 제도의 발달이 사람들을 나태하게 한다는 주장은 옳지 않습니다.

복지 국가의 전성기였던 1960년대에 유럽 국가들은 실업률이 2퍼센트 정도로 거의 완전 고용 수준이었습니다. 그러나 1970년대에 경제 위기로 인해 복지가 쇠퇴하기 시작하자 유럽 국가들의 실업률이 10퍼센트까지 증가했습니다. 이와 같이 복지가 발전했던 시기의 실업률이 복지가 쇠퇴했던 시기의 실업률보다 더 낮았다는 사실은 사회 복지의 발달이 사람들을 나태하게 만든다는 주장이 옳지 않음을 보여 줍니다. 실업률은 복지 제도의 영향을 받는 것이 아니라 그 나라 경제 상황의 영향을 받습니다.

02

어떤 국가가
경제 위기에
잘 대처할까요?

사회 복지 제도가 발달하면 경제 성장을 방해할까요? 2004년 경제학자 린더트는 복지 국가일수록 경제 성장이 더 빠르다고 주장했습니다. 그는 산업 혁명 이후 지금까지 복지에 지출을 많이 한 국가들의 경제 성장률이 높았다는 증거를 제시했습니다.

  린더트의 주장을 반영하듯 경제학자 장하준이 조사한 바에 의하면, 사회 복지가 발달한 국가일수록 경제 성장률이 높았습니다. 1980년 국내 총생산에서 공공 사회 복지 지출이 차지하는 비율이 미국은 13.3퍼센트였고 스웨덴은 28.6퍼센트, 네덜란드는 24.1퍼센트, 독일(서독)은 23퍼센트였습니다. 그런데 1950년에서 1987년 사이에 미국은 유럽 어느 국가보다 경제 성장 속도가 더뎠습니다. 이 기간 동안 1인당 국민 소득 증가율을 보면 독일이 연 3.8퍼센트, 스웨덴이 연 2.7퍼센트, 네덜란드가 연 2.5퍼센트를 기록한 데 비해 미국은 연 1.9퍼센트에 그쳤습니다.

  1990년 이후 경제 협력 개발 기구(OECD) 핵심 국가들 중 경제 성장률이 가장 높은 나라는 핀란드(2.6%)와 노르웨이(2.5%)입니다. 이 두 나라는 사회 복지 제도가 매우 잘 갖추어져 있습니다.

  2000년대 경제 성장률 자료를 살펴봐도 사회 복지 제도가 잘 구비되어 있는 스웨덴이 2.4퍼센트, 핀란드는 2.8퍼센트로 미국의 경제 성장률 1.8퍼센트보다 훨씬 높습니다. 이런 자료를 보면 사회 복지가 발달한 국가의 경제는 활력을 잃어버린다는 논리는 성립

되지 않는다는 것을 알 수 있습니다.

또한 사회 복지 수준이 높은 국가일수록 경제 위기에 잘 대처합니다. 유럽 국가들은 대체로 북부일수록 복지 수준이 높고 남부일수록 복지 수준이 낮습니다. 먼저 북유럽 국가들을 살펴보면, 스웨덴, 핀란드, 덴마크는 복지 수준이 매우 높습니다. 이 국가들은 GDP의 약 30퍼센트를 사회 복지에 지출하고 세금을 많이 걷는 만큼 의료, 보육, 학교 급식 등을 무상으로 제공합니다. 다만 아일랜드와 영국은 북유럽에 가까우나 예외적으로 복지 수준은 그리 높지 않습니다.

유럽 중부의 프랑스, 독일, 네덜란드, 벨기에도 북유럽 못지않게 복지 수준이 높고 사회 보험 제도가 잘 발달되어 있습니다. 반면 남유럽에 속한 국가들의 사회 복지 수준은 다른 유럽 국가들에 비해 낮습니다.

2010년 글로벌 경제 위기가 세계를 강타했을 때 국가의 신용 등급이 내려가고 구제 금융을 받은 그리스, 포르투갈, 스페인은 남부 유럽에 속한 국가들입니다. 북유럽에 가까이 위치하지만 예외적으로 경제 위기의 직격탄을 맞은 아일랜드도 복지 수준이 낮은 국가입니다. 이러한 현상을 보면 복지 제도가 잘 갖추어지지 않은 국가들이 경제 위기에 취약하고, 높은 복지 수준이 경제에 더 이롭다는 것을 알 수 있습니다.

03

국가가 왜
연금 제도를
운영할까요?

충분한 노령 연금을 받는 사람들은 노년에 안락하게 생활하는 반면 그렇지 않은 사람들은 불안한 노후를 보냅니다. 노령 연금 제도는 행복한 노년 생활을 위해 필수입니다.

선진국에서는 20세기를 전후한 시기에 연금 제도를 도입했습니다. 독일은 1889년, 프랑스는 1895년, 영국은 1908년, 스웨덴은 1913년, 미국은 1935년에 노령 연금 제도를 도입했습니다.

소득이 있는 사람은 노령 연금에 의무적으로 가입해야 합니다. 국가가 소득이 있는 모든 사람이 노령 연금에 가입하도록 강제하는 이유는 사람들이 자발적으로 노후를 위해 저축하려는 마음이 약하기 때문입니다. 노후 대비를 사람들의 자발적 행위에 맡겨 두면, 빈곤한 노인들이 많이 발생하여 결국 모든 사람의 부담이 됩니다. 그래서 국가가 소득이 있는 모든 사람을 노령 연금에 강제 가입시켜 노후의 생활을 보장해 주는 것입니다.

연금 제도가 잘 구비되어 있어 노인 빈곤율이 감소하면 일하는 젊은 세대는 노인 부양에 대한 부담이 줄어들게 됩니다. 또한 퇴직한 세대는 여유로운 삶을 살 수 있습니다. 결국 모두에게 도움이 됩니다. 이것이 정부가 강제 가입을 원칙으로 연금 제도를 운영하는 이유입니다.

우리나라는 1988년이 되어서야 노령 연금 제도인 국민연금을 도입했습니다. 시행한 기간이 선진국보다 훨씬 짧아서 연금을 받지 못하는 노인들이 많고, 받더라도 가입한 기간이 짧아 연금 액수가 적습니다. 그러다 보니 노후 생활을 대비하는 연금의 역할을 제대로 하기에는 부족해서 우리나라의 65세 이상 노인 두 명 중 한 명은 빈곤한 상태에 놓여 있습니다. 노인 빈곤 현상을 해소하기 위해서는 국민연금 보험료를 현재보다 많이 납부하고 퇴직 후 노령 연금을 더 많이 받는 방향으로 제도를 보완할 필요가 있습니다.

04

연금 제도가
세대 간
도적질이라고요?

연금 가입자가 납입하는 보험료는 어떻게 관리될까요?

공적 연금의 재정을 운용하는 방식에는 적립 방식과 부과 방식이 있습니다. 적립 방식은 장래의 연금 지급을 위해 지금 납부된 보험료를 쌓아 놓는 것입니다. '내가 지금 낸 돈을 내가 나중에 받는 것'과 같습니다. 적립 방식을 그림으로 표현하면 아래와 같습니다. 산에서 나는 물을 저수지에 가득 채워 두었다가 나중에 필요한 만큼 사용하는 것과 같이 계속 납부되는 보험료를 모아 적립금을 만들어 두었다가 장래에 연금으로 지출하는 방식입니다.

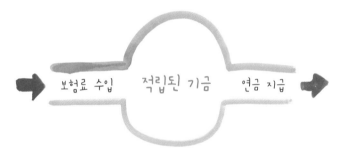

완전 적립 방식

적립 방식은 연금 지출이 본격화되면 적립금이 고갈되는 현상이 발생합니다. 그래서 어느 시점이 되면 적립 방식에서 부과 방식으로 바꾸어서 연금 재정을 관리해야 합니다.

그러면 부과 방식은 어떤 것일까요? 부과 방식을 그림으로 나타내면 아래와 같습니다. 적립 방식과는 달리 저수지에 물을 모아 두지 않고 그해에 들어오는 보험료로 그해 지출되는 연금을 제공합니다. 부과 방식은 '내가 올해 낸 보험료로 노인들이 올해 연금을 받고, 내가 퇴직하여 받게 되는 연금은 그때 일하는 젊은 계층이 내는 보험료에서 나오는 방식'이라고 할 수 있습니다.

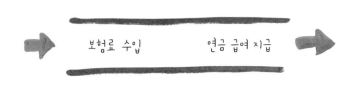

보험료 수입   연금 급여 지급

완전 부과 방식

그런데 이러한 부과 방식에 대해 어떤 사람들은 '세대 간 도적질'이라고 비판합니다. 연금 재정을 부과 방식으로 운영하는 것이 정말 세대 간 도적질을 부추기는 일일까요?

한국의 국민연금 적립금은 2043년 2,561조 원으로 정점을 찍은 이후 빠르게 소진되어 2060년에 고갈될 것으로 예상됩니다. 그렇게 되면 그해 걷은 보험료로 그해 연금을 지급하는 부과 방식으로의 전환이 불가피해집니다.

독일이나 미국과 같이 공적 연금 제도를 오랜 기간 동안 운용해

주니어 대학

온 국가들은 초창기에는 기금을 적립하여 연금을 지출하다가 점점 적립 기금이 줄어들자 부과 방식으로 바꿔 연금 제도를 운용하고 있습니다. 독일의 경우 6퍼센트 정도의 기금만 적립하고 그해 납부된 보험료로 그해 연금을 지출하고 있습니다. 그래도 독일은 연금 재정을 걱정하지 않습니다. 그 이유는 일하는 젊은 세대로부터 계속해서 보험료가 납입되기 때문입니다.

부과 방식을 운용하는 국가에서 연금을 지급하지 못하는 경우는 없습니다. 공적 연금은 '세대 간 연대'에 바탕을 두기 때문입니다. 즉 내가 내는 보험료는 현재의 노령 세대 연금으로 지급되고, 나의 연금은 후세대가 내는 보험료로 제공될 것이라는 세대 간 묵시적 합의가 있기 때문입니다. 만일 공적 연금에 대한 세대 간 연대가 없다면 국가 주도의 연금 제도가 운용될 수 없습니다. 이런 점에서 보면 세대 간 도적질이란 표현은 연금을 제대로 이해하지 못한 것입니다.

그렇다면 연금의 불안정한 재정 문제를 한번에 해결할 수 있는 방안은 무엇일까요? 그것은 출산율을 높이는 것입니다. 연금 제도가 안정적으로 운영되려면 연금 보험료를 납부하는 젊은 인구가 많아져야 합니다. 정부는 젊은 세대가 아이를 더 출산할 수 있는 정책을 추진해야 합니다. 이렇게 하면 국가의 경제가 활력을 유지함과 동시에 연금이 안정화될 수 있습니다.

05

인생에도
패자 부활전이
있다고요?

올림픽 종목 가운데 태권도나 레슬링 경기에서는 예선에서 패한 선수가 패자 부활전을 거쳐 동메달을 목에 거는 모습을 볼 수 있습니다. 예선 경기에서 강한 상대를 맞아, 혹은 예기치 않은 실수로 경기에 패했지만 패자 부활전에서 승리하게 되면 금메달이나 은메달은 아니지만 동메달을 목에 걸 수 있는 기회가 주어집니다. 한 번 패했지만 두 번째의 기회를 주는 것입니다.

기업가에게도 '채무자 회생 및 파산에 관한 법률'이 있어서 다시 일어설 수 있는 기회가 주어집니다. 이 법은 어떤 사람이 경제적으로 파산하여 그의 재산으로는 채무를 전부 갚을 수 없는 상태일 때 법률에 의해 그의 전 재산을 총채권자들에게 골고루 나누어 주고 채무를 변제하도록 하는 것입니다.

기업가가 성공하려면 진취적인 기상을 가져야 합니다. 그러려면 실패를 두려워하지 않아야 합니다. 파산을 두려워하면 기업가는 도전을 하기 힘듭니다. 그러나 기업가들은 이 법이 있기 때문에 위험을 더 적극적으로 감수하게 되고 도전 정신을 갖게 됩니다.

이 법이 없을 때에는 돈을 빌려준 사람들이 빚을 변제해 주지 않는 한 아무리 오래 걸려도 빚을 다 갚아야 했기 때문에 한 번 파산하면 다시 일어서기 어려웠습니다. 그래서 기업가에게 이 법은 다시 일어설 수 있는 기회가 됩니다.

운동선수들이 패자 부활전에 나갈 기회를 갖고, 기업가들이 파산에 관한 법률에 의해 다시 일어설 수 있는 기회를 갖는 것과 마찬가지로 사회 복지 제도는 사람들에게 다시 일어서 수 있는 제2의 기회를 줍니다. 실패를 경험한 후 그대로 주저앉는 것이 아니라 사회 복지의 도움을 받아 빈곤에서 벗어나고 장애나 질병을 극복하여 다시 경제 활동을 시작하게 됩니다.

실업 보험이나 의료 보험과 같은 사회 복지 제도가 잘 갖추어져 있지 않으면 노동자들은 실직하지 않을까, 아프면 어떡할까 하는 두려움 때문에 변화에 더 폐쇄적이 되어 갑니다. 공공 의료 보험 제도가 없고 실업 급여 지급 기간이 짧은 미국에서는 일자리를 잃으면 모든 것을 잃어버리는 느낌이 듭니다. 그 이유는 일자리를 잃으면 직장에서 제공하는 의료 보험을 잃게 되고, 실업 급여만으로 살아가기 어렵기 때문입니다.

그러나 잘 구비된 사회 복지 제도는 사람들이 불안에서 벗어나도록 돕습니다. 사회 복지 제도는 노동자들이 변화에 더 개방적이고 그에 따른 위험을 더 기꺼이 감수하도록 해 줍니다. 한 번 실패하더라도 두 번째의 기회가 있다는 것을 알면 사람들은 첫 번째 직업을 선택할 때 더 대담해질 수 있으며 직업을 바꿀 때에도 더 개방적인 선택을 할 수 있습니다.

사회 복지 제도가 잘 구비되어 있지 않으면 모든 일에 매우 조심해야 하고 두려움과 긴장 속에서 일하게 됩니다. 게다가 긴장하

주니어 대학

면 자신의 잠재력을 다 발휘하지도 못합니다. 이런 사회에서는 실패한 사람이 다시 재기하기 어렵습니다. 한 번의 실패에 좌절하고 낙담하며, 때로는 분노하고 사회에 대해 적개심을 품기도 합니다.

　기업에서 일하던 어떤 사람이 회사가 망하여 실업 상태에 놓였을 때 제한된 기간 동안 실업 급여를 제공하는 '소극적인' 방법만으로는 충분하지 않습니다. 실업 급여뿐 아니라 직업 훈련이나 재교육 프로그램을 제공하는 '적극적인' 노동 시장 정책을 실행해야 합니다. 그러면 실직자가 실업 기간 중 재교육을 받거나 새로운 기술을 습득해 이전보다 높은 수준의 노동 시장에 진출할 수 있습니다. 그들은 사회 복지의 도움을 받아 얼마든지 재기할 수 있고, 경제도 복지 제도 덕분에 활력을 유지합니다.

　사회 복지는 실패한 사람들이 기댈 수 있는 언덕입니다. 사회 복지 제도는 한 번 실패하더라도 두려워하지 않고 새로운 일에 다시 도전할 수 있게 하는 사회 안전망의 역할을 합니다.

06

누가
세금을 더
내야 할까요?

우리나라 사람들은 세금을 어느 정도 낼까요? 국민 소득에 대한 조세 총액의 비율을 조세 부담률이라고 합니다. 조세 총액은 세금과 사회 보장 부담금(국민연금, 건강 보험, 산재 보험, 고용 보험 보험료)을 합친 금액입니다. 경제 협력 개발 기구(OECD) 발표에 따르면 2014년 우리나라의 조세 부담률은 26.4퍼센트로, 조사 대상국 30개국 가운데 28위를 차지했습니다.

　그러면 다른 나라들은 어떠할까요? 2014년 OECD 회원국 전체 평균 조세 부담률은 34.4퍼센트입니다. 이 국가들 중에서 조세 부담률이 높은 국가는 덴마크(50.9%), 프랑스(45.2%), 벨기에(44.7%) 등입니다.

　덴마크와 같이 소득의 절반을 세금으로 내게 되면 국민들의 저항이 있을 것 같지요? 그러나 덴마크 국민들은 불평하지 않습니다. 자신들이 납부한 세금을 사회 복지 서비스 형태로 돌려받기 때문입니다. 자신들이 돌려받지 않으면 자녀들의 무상 보육, 무상 교육, 대학 등록금 형태로 돌려받습니다.

　조세 부담률이 높은 국가는 사회 복지 제도가 매우 발전한 국가이며, 낮은 국가는 사회 복지 제도가 발전하지 못한 국가입니다. 우리나라는 조세 부담률이 낮아서 2014년 GDP 대비 사회 복지 지출 비율이 10.4퍼센트로, OECD 28개 조사 대상국 가운데 꼴찌를 차지했습니다. 이는 OECD 평균(21.6%)의 절반에도 미치지 못한 비율이고, 가장 높은 비율을 보인 프랑스(31.9%)나 핀란드(31%)의 3분의 1 정도였습니다. 좋은 사회 복지 제도를 만들려면 세금을 지금보다 더 납부해야 합니다.

그러면 더 나은 사회 복지를 위해 누가 세금을 더 내야 할까요? 물론 부자들이 더 많이 세금을 내야겠지요. 빈곤층과 중산층의 소득이 정체된 반면 최상위 부유층은 거액의 자산 소득(예금 이자와 주식 배당 등)을 누리고 있기 때문에 더 많이 세금을 내는 것이 당연합니다.

부자들에게 세금을 더 많이 부과하는 것을 임꺽정 혹은 로빈 후드 방식이라고 부릅니다. 많이 가진 사람들의 것을 빼앗아 적게 가진 사람들에게 나누어 주는 방식이기 때문입니다. 빈부 간 격차가 날로 심해지는 한국 사회에서는 임꺽정 혹은 로빈 후드 방식의 증세가 당연하다고 생각하는 사람들이 많지요.

그러나 복지 국가는 다릅니다. 복지 국가 스웨덴에서는 가난한 사람들도 세금을 많이 냅니다. 예를 들면, 우리나라의 소비세는 10퍼센트 정도이나 스웨덴의 소비세는 25퍼센트 정도입니다. 즉 스웨덴에서는 1,000원짜리 물건을 사면 세금이 250원 발생합니다. 생활필수품을 구입할 때는 부자나 가난한 사람이나 똑같은 금액의 세금을 냅니다.

왜 이런 현상이 나타날까요? 보편적 복지가 주축이 되는 복지 국가는 부자가 가진 것을 빼앗아 가난한 사람들에게 나누어 주는 개념으로 복지를 하지 않고 우리가 낸 것을 사회 복지 서비스 형태로 다시 돌려받는 복지를 하기 때문입니다. 자신이 내는 세금이 자신이나 자신의 자녀들에게 별로 돌아오지 않고 대부분이 가난한 사람들에게만 돌아간다면 누가 세금을 내고 싶겠습니까? 그래서 복지 국가가 되기 위해서는 부자들만 세금을 많이 내는 것이 아니라 모든 사람들이 세금을 많이 부담해야 합니다. 그러면 복지를 할 수 있는 재원의 총량이 많아져서 보다 양질의 복지를 받을 수 있습니다.

07

사회 복지는
어떻게
변화하여 왔나요?

사회 복지가 발전하기 전부터 불우한 환경에 있는 사람들을 돕는 선한 사람들이 있었습니다. 6·25 전쟁 직후 전쟁고아나 장애인들이 많이 늘었을 때 선한 마음을 가진 사람들은 도움이 필요한 사람들에게 자선 사업의 형태로 도움을 제공했습니다.

그러나 최근에는 사회 복지의 혜택을 받는 것이 권리의 형태로 변화하고 있습니다. 우리나라 헌법 제34조 ①항에 "모든 국민은 인간다운 생활을 할 권리를 가진다."는 내용이 나옵니다. 이 조항은 기본권으로서 생존권을 인정하고 생활 능력이 없거나 있어도 실제 생활 수준이 최저 생계비에 못 미치는 저소득 국민들에 대하여 정부가 최저 수준의 소득을 보장할 의무를 지닌다는 의미입니다. 그래서 정부는 국민 기초 생활 보장 제도를 통해 가난한 사람들이 최저한의 생활을 영위할 수 있도록 해 줍니다.

이제 사회 복지는 가난한 사람들에 대한 선별적 서비스에서 전체 국민들의 보편적인 욕구를 충족시키는 서비스로 발전하고 있습니다. 보편적인 사회 복지 서비스는 산업 사회에서 나타나는 공통적인 사회적 위험, 즉 실업, 노령, 질병, 장애, 의료비의 상승, 노인 돌봄, 아동 양육 등에 대처하기 위한 것입니다.

사회 복지 서비스가 복지 혜택이 절실하게 필요한 제한된 사람들에게만 자선의 형태로 제공되던 시절에는 선한 마음을 지닌 자발적인 민간단체들이 주도적인 역할을 하고 정부는 보조 역할에 머물렀습니다. 우리나라의 경우 1980년 이전에는 민간 기관이 사회 복지 서비스를 주로 제공했습니다.

그러나 사회 복지 서비스가 권리 성격으로 모든 사람들에게 제공되면서 정부가 주도적으로 재정을 마련하여 보편적 사회 복지 서비스를 제공하게 되었습니다. 예를 들면, 예전에는 민간단체들이 가난한 노인들을 자선 사업의 형태로 보호하여 왔지만, 최근에는 정부가 재원을 마련하여 소득이 하위 70퍼센트 수준에 해당하는 노인들에게 월 최대 20만 원가량의 기초 연금을 제공하고 있습니다. 이러한 현상은 예전에는 민간이 주도했던 사회 복지가 지금은 정부의 책임으로 변화한 것을 보여 줍니다.

주니어 대학

08

사회 복지학과에 입학하면 무엇을 배우나요?

사회 복지학과에 입학하면 기초 내용으로 인간 행동과 사회 환경에 대해 배웁니다. 사회 복지의 주요 관점은 '환경 속의 인간'입니다. 인간 행동과 사회 환경이란 과목을 통해 사람이 태어나서 성장하면서 개인, 가족, 사회, 문화와 어떻게 상호 작용을 하고, 이러한 상호 작용이 인간 행동에 어떻게 영향을 미치는지를 이해하게 됩니다. 또한 인간의 성장과 발달을 생애 주기의 관점에서 이해하고 각 발달 단계에서 습득하여야 할 발달 과제를 학습합니다.

사회 복지 학문은 크게 사회 복지 실천과 사회 복지 정책으로 나뉩니다. 이 두 가지는 사회 문제를 보는 기본 전제가 다르지만 동전의 양면과 같아서 서로 보완합니다.

사회 복지 실천 분야에서는 사회 복지 대상자의 문제 원인을 도덕 문제, 대상자 개인의 성격 결함이나 정서적 혹은 정신적 이상 문제, 가족이나 지역 사회에서의 인간관계에서 찾으며 이러한 문제들을 해결하는 것이 주요 목적입니다. 그래서 일상생활에서 부적응의 문제를 가진 사람들을 대상으로 그들의 삶이 보다 개선되고 향상된 수준에서 이루어질 수 있도록 전문적인 기술을 사용하여 돕는 데 관심이 있습니다.

사회 복지 정책에서는 빈곤 문제의 주원인을 사회 구조적인 모순의 결과라고 보면서 빈곤을 바탕으로 하는 여러 가지 사회 문제를 연구합니다. 빈곤과 그와 관련되는 문제들을 해결하기 위해 정부에서 추진하고 있는 정책이 어떤 과정을 통해 수립되고 실행되는지를 배웁니다.

또한 사회 복지 정책이 정치, 경제, 사회 전반에 어떤 영향을 미치는지를 연구합니다. 전체 국민들을 대상으로 하는 연금 제도, 건강 보험 제도, 고용 보험 제도, 산업 재해 보상 보험 제도가 어떻게 생겨났고, 이러한 제도들이 어떠한 기능을 하는지에 대해 배우게 됩니다.

사회 복지를 실천하는 장소는 지역 사회입니다. 그래서 사회 복지학과에서는 지역 사회가 갖는 문제들에 대해 사회 복지사가 어떻게 개입하는 것이 바람직한 것인가를 이해하고, 이러한 이해를 기반으로 실천 능력을 증진시킬 수 있는 전문적 지식과 기술을 배웁니다. 또한 지역 사회와 그 구성원들이 지니고 있는 사회 문제와 욕구를 해결하기 위해 사회 복지가 어떤 역할을 해야 하는지에 대해 배우게 됩니다.

09

사회 복지학을 공부하면
어떤 일을
할 수 있나요?

사회 복지학과를 졸업하면 사회 복지사가 됩니다. 사회 복지사는 도움이 필요한 사람들의 문제를 해결하는 '착한 일 하는 봉사자'의 차원을 넘어, 전문적인 지식과 기술을 지닌 '전문 직업인'입니다. 그러면 사회 복지사는 어떤 일을 할까요?

사회 복지사가 하는 일은 크게 현장 업무, 행정·정책 업무, 연구 업무로 나뉩니다. 먼저 현장 업무는 사회 복지 기관, 병원, 진료소 등에서 도움이 필요한 사람들을 직접 만나 서비스를 제공하는 것을 말합니다.

사회 복지사는 의료 분야에서 일할 수 있습니다. 사회 복지학과를 졸업하고 일정 기간 동안 연수를 받으면 병원에서 의료 사회 복지사 혹은 정신 보건 사회 복지사로 일할 수 있습니다.

사회 복지사는 행정·정책 분야에서 일할 수 있습니다. 사회 복지와 관련된 행정·정책 업무는 대체로 공무원이 수행하는데, 사회 복지학과를 졸업하고 사회 복지직 공무원 시험에 합격하면 공무원으로서 활약할 수 있습니다.

읍·면·동에 근무하는 사회 복지직 공무원은 국민 기초 생활 보장 제도 수급자를 선정하고, 자활이 가능한 대상자가 근로할 수 있도록 지역 사회 사업장이나 관련 기관에 의뢰하여 지원하기도 합니다. 또 도움이 필요한 사람들을 지역 내 사회 복지 기관과 연계하고 자원봉사자를 연결합니다.

사회 복지를 대학원에서 학문으로 더 연구하면 연구직으로 진출할 수 있습니다. 대학에서 사회 복지학을 강의하고 연구하는 교수가 될 수 있고, 보건 사회 연구원, 노동 연구원, 국민연금 연구원, 산업 연구원, 청소년 연구원 등에서 연구 활동을 할 수 있습니다.

이 외에도 사회 복지학과를 졸업하면 기업의 사회 공헌팀에서 일할 수 있으며, 사회 복지 공동 모금회와 같은 비영리 단체, 월드 비전과 같은 비정부 간 국제기구(NGO), 국민연금 공단·근로 복지 공단·건강 보험 공단과 같은 사회 복지 관련 공단에서 일할 수도 있습니다.

사회 복지사가 되기 위해서는 인간을 존중하고 사회의 정의를 실현하는 사명 의식과 봉사 정신이 필요하며, 상대방을 배려하는 마음과 협동심, 원만한 대인 관계를 유지시킬 수 있는 의사소통 능력이 요구됩니다. 그뿐 아니라 사회 복지사에게는 도움이 필요한 사람들의 욕구와 문제를 파악하고 그들의 문제를 해결하는 데 필요한 협상 능력과 설득력이 필요합니다. 전체적으로 보면 사회 복지사는 사회형과 탐구형의 흥미를 가진 사람에게 적합하다고 할 수 있습니다.

10

우리 사회는
공정한 경쟁을
하나요?

누구나 미래의 세상은 행복한 세상이 되기를 바랍니다. 행복한 사회가 되려면 어떻게 해야 할까요?

무엇보다도 계층 간의 격차를 줄여야 합니다. 어떤 사람은 부잣집에서 태어나고 어떤 사람은 가난한 집에서 태어납니다. 어떤 집에서 태어날 것인가는 우리가 선택할 수 있는 일이 아닙니다. 이 세상에는 마땅한 이유 없이 가난한 사람들이 존재하고 정당한 이유 없이 부자인 사람들도 존재합니다. 아무리 노력해도 빈곤에서 벗어나지 못하는 사람들이 있는가 하면, 엄청난 부를 상속받아 별로 노력하지 않고 높은 지위로 올라간 사람들도 있습니다.

현대 자본주의 사회는 기회를 평등하게 제공한다면서 모든 사람을 똑같은 출발선에 세웠다고 주장합니다. 하지만 누가 그 경기의 승자가 될지는 쉽게 예측할 수 있습니다. 이런 경기에서 빠른 주자가 되는 것은 전적으로 나의 능력이나 노력에 의해 좌우되지 않는 일이기 때문입니다.

이러한 현상을 그대로 두면 가난한 사람은 계속해서 가난할 것이고 부자들은 계속해서 부자로 남을 것입니다. 이것을 '불평등의 심화' 혹은 '양극화 현상의 심화'라고 부릅니다. 한국은 세계에서 소득 불평등과 양극화가 아주 심한 국가 가운데 하나입니다.

우리나라는 경제가 성장하면 행복이 자연적으로 따라오는 줄 알고 경제 성장에만 몰두했습니다. 경제가 발전하면 경제 성장의 과실이 낙수같이 떨어져서 모든 계층의 사람들이 골고루 혜택을 받는다는 '낙수 효과'를 믿고 경제 성장에만 몰두하면서 격차 해소는 등한시했습니다.

그러나 '낙수 효과'는 없었으며 경제 발전이 시작되면서 벌어지기 시작한 계층 간의 격차는 경제 발전이 지속되면서 더 커졌습니다. 소득 상위 10퍼센트가 전체 소득의 45퍼센트를 차지할 정도로 소득이 불평등하게 배분되고 있습니다. 이러한 부의 쏠림 현상은 다른 국가들과 비교하면 매우 높은 편에 속합니다. 국민 1인당 GDP가 3만 달러에 육박하지만 평범한 사람들에겐 3만 달러의 과실이 느껴지지 않습니다. 결국 부의 격차가 줄어들지 않으면 행복이 증진될 수 없습니다.

그러면 어떻게 격차를 줄일 수 있을까요?

사회 복지는 격차를 줄이는 매우 적절한 방법이 될 수 있습니다. 사회 복지 제도는 노령, 장애, 실업, 재해와 같이 예상하거나 예상하지 못한 사회적 위험을 맞닥뜨린 사람들이 처한 위기에서 재빨리 탈출할 수 있도록 해 주기 때문에 격차가 벌어지는 것을 예방할 수 있습니다. 예를 들어 초등학교부터 대학원 박사 과정까지 무상으로 교육을 제공하게 되면 태어날 때의 격차가 인생의 격차를 좌우하는 현상을 완화할 수 있습니다. 실직자에게 제공되는 무상 직업 훈련은 다시 일어설 수 있는 기회가 되어 격차 해소에 기여할 것입니다.

어떤 사람이 빈곤에 추락한다면, 그때 비로소 사회 복지를 제공하면 되지 왜 처음부터 예방적인 보편적 복지를 시행하느냐고 묻는 사람이 있습니다. 그러나 빈곤 문제는 경제적 어려움에만 그치지 않습니다. 빈곤은 우리의 희망까지도 앗아 갑니다. 빈곤으로 한 번 떨어지면 다시 일어서기 힘듭니다. 보편적 복지는 사전에 위험을 예방할 수 있게 함으로써 외부의 위기로부터 우리의 몸과 마음 그리고 희망을 지켜 줄 수 있습니다. 미래의 세상에서 사회 복지는 계속 필요합니다.